毎日おいしい！

たんぱく質
おかず

岩﨑啓子
大和田潔（医学監修）

JN088693

たんぱく質たっぷり料理ベスト8

健康維持、ダイエット、
筋力アップに重要なたんぱく質は、
毎日の食事できちんととることが大事です。
ここで紹介したたんぱく質レシピの中から
とくに、たんぱく質量の多いものを
ピックアップ！

2位

まぐろの赤身は最強、
定番メニューに決定！

まぐろの漬け丼
たんぱく質 **27.4**g　→作り方は p.148

2

1位

豆腐とひき肉、チーズで
堂々の30gごえ！

和風豆腐ラザニア

たんぱく質 **30.4g** → 作り方は p.166

3位

健康食材、鶏むね肉料理が
ランクイン！

チキン南蛮

たんぱく質 **26.0g** → 作り方は p.81

野菜もたっぷり鍋料理

にら入りつくね鍋

たんぱく質 **25.8**g → 作り方は p.112

4位

5位

鶏むね肉を食べやすく

アスパラガスの治部煮

たんぱく質 **23.4**g → 作り方は p.70

6位

低カロリーで
満足感あり

レタスと蒸し鶏の
みょうがしょうゆあえ

たんぱく質 **22.5g** → 作り方は p.62

6位

ごぼうで食物繊維も

鶏ごぼう

たんぱく質 **22.5g** → 作り方は p.66

カルシウムもいっぱい

鶏もも肉の小松菜巻き煮

たんぱく質 **22.5g** → 作り方は p.76

6位

　※この本に掲載したレシピの順位です（アレンジレシピは除く）。

CONTENTS

PART 3

高たんぱく、低脂肪の強い味方

魚介類のおかず

たんぱく質

知っておきたい

10 の話

監修／大和田 潔（医学博士）

1

たんぱく質は人間の体をつくる最重要栄養素！

人間の体の成分のうち、最も多いのは50〜60％を占める水分。次に多いのが**約20％**のたんぱく質です。筋肉はもちろん、臓器、骨、皮膚など〝**人間の体はたんぱく質でできている**〟といっても過言ではありません。また、体のことで何より

知っておくべきなのは〝**人間を形づくっている細胞は常に壊され、常につくられている**〟ということ。外見は同じでも、置き換わっているのです。皮膚や体内の臓器、骨など、体の維持に必須な「たんぱく質」を十分に補給しましょう。

2 たんぱく質が少ない食事では太る!?

たんぱく質が少ない食事は太りやすいといわれますが、それは、**たんぱく質が少ないと炭水化物と脂質が多い食事になりがち**だから。ご飯や麺類などでお腹をいっぱいにしてしまう人、油っこいものが好きな人は要注意。ただし、炭水化物を抜くと、疲れやすくなり、やせるというよりやつれてしまいます。適切なPFC比※を心がけ、動ける健康的な体をできるだけ長く維持できるようにしましょう。

※三大栄養素であるProtein（たんぱく質）、Fat（脂質）、Carbohydrate（炭水化物）の1日の摂取カロリーに占める割合。

3 老けこまないきれいな肌にも不可欠!

皮膚もたんぱく質でつくられており、ターンオーバー（肌の新陳代謝）を繰り返して新しく生まれ変わっています。**皮膚や軟骨の原料になるたんぱく質を十分に摂取**して、日々の新陳代謝をよくすることが大切です。すね肉や煮こごりなどコラーゲン豊富な食材をチェック！

4

疲労やストレスには甘いものよりたんぱく質

たんぱく質は、体の機能を調節するさまざまな物質の材料となり、体調をととのえ、細菌やウイルスへの抵抗力なども支えてくれます。そして、**脳の疲労回復や老廃物質の解毒**にもたんぱく質（アミノ酸）は必要です。　疲れるとついつい甘いものが欲しくなりますが、そういう時は、糖質だけでなくたんぱく質も忘れないようにしましょう。

5

カルシウムだけじゃない、骨折しない体にも

骨＝カルシウムと思いがちですが、骨は、**たんぱく質（主にコラーゲン）の骨組みをカルシウムが補強する形**でできています。骨は生きていて、毎日古い骨は壊され、新しい骨が誕生しています。とくに加齢で骨密度が減少しやすい女性は、丈夫な骨をつくるためにカルシウムとともにたんぱく質を忘れずにとりましょう。

6

1日に必要な たんぱく質量はどのくらい？

18歳以上の男性で65g、女性は50g。だいたい体重1kgあたり約1gが推奨されています。65歳以上は少し多めがよいでしょう。妊婦・授乳期の女性、アスリート、体を動かす職業の人、高齢者でも毎日畑仕事をしている人など、環境によっても変わります。一般的には〝1食20gぐらいで必要に応じて増量〟と覚えておくとよいでしょう。

あなたに必要な1日のたんぱく質量は？

●一般的な人

体重（　　　　　　　）kg×0.9g

　=1日に必要なたんぱく質量 （　　　　　　　）g

- -

●65歳以上の人

体重（　　　　　　　）kg×1.06g

　=1日に必要なたんぱく質量 （　　　　　　　）g

- -

●体を動かす職業・運動習慣のある人

体重（　　　　　　　）kg×1.2〜1.6g

　=1日に必要なたんぱく質量 （　　　　　　　）g

※定期的に運動を行う人は(体重1kgあたり)1.6g、
激しい運動をする人は2gが必要になることも。

※腎臓が悪いなどたんぱく質制限や食事制限のある方は医師の
指示に従ってください。

7

まとめてはNG！
朝・昼・晩、毎回
まんべんなくとる

筋肉も常に分解と合成を繰り返しています。たんぱく質が補給されず、血中アミノ酸濃度※が下がり続けると、栄養素として筋肉が分解されて筋肉量が低下してしまいます。一方で消化管がたんぱく質を一度に吸収できる量には上限があります。**1食20gを目安に3食に分けて上手に食べることがポイント**です。

※血液中のアミノ酸の濃度のこと。1日を通じて下がらないようにキープすることがポイント。とくに朝食のたんぱく質摂取を意識する。

8

肉・魚・大豆…
いろいろな食材から
バランスよく

食事のたんぱく質は吸収されるとアミノ酸に分解され、人間の体に必要なたんぱく質に再合成されます。さまざまなアミノ酸が必要なため、肉、魚、大豆などの豆類、穀物など**いろいろな食材からたんぱく質をとる**ようにしましょう。魚に含まれる脂質も体のために必要なもの。手軽に食べられる魚の缶詰などもオススメです。脂質を控えたい時には、鶏むね肉やささ身、赤身肉などを選びましょう。

9

朝ごはんでたんぱく質がオススメ！

朝ごはんには、糖質だけではなく**たんぱく質をとるように心がけましょう**。体内時計によい働きをして、健康維持に役立ちます。前日の残りものの刺身を漬けやカルパッチョで再利用したり、家族の弁当用のおかずを多めにして朝食にするなど工夫しましょう。時間がない時にはシリアルに牛乳、ゆで卵、納豆ご飯などでもOKです。

10

ご飯プラスたんぱく質で健康的に

ご飯1杯（150g）にもたんぱく質は**約3g含まれています**。ご飯だけでは十分なたんぱく質量とはいえませんが、肉、魚、卵、納豆、豆腐など大豆製品と組み合わせると健康的な食事に。ご飯は重量の半分が水分で腹持ちがよいのもよいところ。時間がない時には菓子パンよりも「おにぎり」がオススメです。

※ご飯150gは約230kcalだが、メロンパンは80gと軽いのに約280kcalある。

この本の
使い方＆決まり

- 掲載したたんぱく質量・塩分量・エネルギーは文部科学省「**日本食品標準成分表2022年版（八訂）**」をもとに算出しており、とくに記載がないものは1人分です。

- たんぱく質は「アミノ酸組成によるたんぱく質」を基本としていますが、一部まだ分析されていない食品については従来の成分値を利用しています。

- 小さじ1は5㎖、大さじ1は15㎖、1カップは200㎖です。

- 材料に表記しているgはとくに正味の記載がない限り、皮やヘタ、種、殻などを含んだ重量です。個数や長さは目安です。

- 電子レンジの加熱時間は600W、オーブントースターの加熱時間は1000Wのものを基準にしています。

PART 1

ストックしておけば
たんぱく質たっぷりにパパッと作れる！

缶詰で簡単おかず

青魚の健康パワーが手軽にとれる！

簡単・手軽

材料(2人分)

さば缶(水煮) ─── 1缶(190g)

木綿豆腐 ─── 2/3丁(200g)

A │ 水 ─── 1/2カップ
　 │ 酒 ─── 小さじ2
　 │ 砂糖、しょうゆ ─── 各小さじ1

18

たんぱく質 **19.0**g　塩分 **1.1**g　エネルギー **209**kcal

作り方

1 鍋にＡと汁けをきったさばを入れて煮立て、豆腐を４つに割って入れ、沸騰したら弱火にし、７〜８分煮る。

Point 豆腐は、包丁で切るよりも手で割ったほうが味がしみ込みやすい。

きゅうりの冷や汁

食欲のない朝や夏バテ解消に
さらっとかき込みたい

簡単・手軽

材料(2人分)

きゅうり ── 1本(100g)
青じそ ── 4枚
さば缶(水煮) ── 1/2缶(95g)
みそ ── 大さじ1
A｜冷水 ── 1カップ
　｜すりごま(白) ── 小さじ2

作り方

1 きゅうりは小口切り、青じそは千切りにする。

2 さばは缶汁ごとボウルに入れて身をつぶし、みそを混ぜ合わせ、Aも加えて混ぜる。さらに1のきゅうりを加えて器に盛り、青じそをのせる。

缶詰で簡単おかず　さば缶

たんぱく質 **10.2**g 　塩分 **1.6**g 　エネルギー **124**kcal

［きゅうりの冷や汁］を
アレンジ

＼冷水を豆乳にかえて
たんぱく質量アップ／

きゅうりの
豆乳冷や汁

Aの冷水を1/2カップとし、
豆乳1/2カップを加える。
ほかの材料と作り方は同じ。

たんぱく質 **11.9**g

塩分 **1.6**g 　エネルギー **146**kcal

全量で

たんぱく質 **24.9**g ｜ 塩分 **2.6**g ｜ エネルギー **294**kcal

さばそぼろ

筋肉も骨も強くなる！ 常備菜に

作りおき OK

材料（作りやすい分量）

さば缶（水煮）…… 1缶（190g）

A ｜ 酒 …… 大さじ2
｜ しょうゆ …… 小さじ1と1/2
｜ 砂糖 …… 小さじ1

作り方

1 さばは汁けをきってフライパンに入れてほぐし、中火にかけて混ぜながら汁けをとばす。

2 Aを加えて混ぜ、さらに汁けがなくなるまで炒る。

あさりと白菜の煮びたし

あさり缶は汁ごと利用してむくみ解消！

材料（2人分）

あさり缶（水煮）…… 小1缶（130g）

白菜 …… 4枚（400g）

A｜だし汁 …… 1/2カップ
　｜しょうゆ、みりん …… 各小さじ1
　｜塩 …… 少々

作り方

1 白菜は大きめの短冊切りにする。

2 鍋にAを煮立て、1とあさりを缶汁ごと入れ、ふたをして沸騰したら弱火にし、10分ほど煮る。

カロリー控えめ ↓

たんぱく質 11.7g ｜ 塩分 1.4g ｜ エネルギー 103kcal

スナップエンドウの
ツナしょうが炒め

野菜も
たっぷり

材料（2人分）

スナップエンドウ ── 15〜18本（150g）

ツナ缶（油漬け） ── 小1缶（70g）

しょうが ── 1/2かけ

オリーブ油 ── 小さじ1

酒 ── 大さじ1/2

A ┃ **しょうゆ** ── 小さじ1
　┃ **塩、こしょう** ── 各少々

作り方

1 スナップエンドウは筋を除き、半分に割る。ツナは汁けをきり、しょうがはみじん切りにする。

2 フライパンにオリーブ油を熱し、**1**のスナップエンドウを入れて炒め、酒をまわし入れてふたをし、弱火で2分ほど時々混ぜながら蒸し焼きにする。ふたを開け、火を強めてツナとしょうがを加えて炒め、Aで味をととのえる。

たんぱく質 **5.8**g ・ 塩分 **1.0**g ・ エネルギー **140**kcal

\ ソーセージも、あると /
便利なストック食材

スナップエンドウと
ソーセージのしょうが炒め

ツナ缶のかわりにウインナソーセージ4本（斜め薄切り）にする。ほかの材料と作り方は同じ。

たんぱく質 **5.6**g

塩分 **1.5**g ・ エネルギー **188**kcal

［スナップエンドウの
ツナしょうが炒め］をアレンジ

もちもち食感で腹持ちもいい

れんこんとツナの落とし焼き

ボリュームたっぷり

材料(2人分)

れんこん —— 大1節(300g)

ツナ缶(油漬け)—— 小1缶(70g)

A | 長ねぎ(みじん切り)—— 4cm
A | 片栗粉 —— 大さじ1
A | 塩 —— 小さじ1/4

サラダ油 —— 小さじ2

作り方

1 れんこんは皮をむいてすりおろし、水けをきってボウルに入れ、汁けをきったツナとAを混ぜ合わせる。

2 フライパンにサラダ油を熱し、**1**を6等分にして丸く平らな形にしながら入れ、両面に焼き色をつけたら、ふたをして中火から弱火で4分蒸し焼きにする。

たんぱく質 **5.9**g　塩分 **1.2**g　エネルギー **207**kcal

［れんこんとツナの落とし焼き］をアレンジ

＼ ツナを肉にした分
さっぱりしょうが風味に ／

れんこんとひき肉の
落とし焼き

ツナ缶のかわりに豚赤身ひき肉
50g、しょうが汁小さじ1/2にし、ボ
ウルに入れて粘りが出るまで混ぜ
る。すりおろして水けをきったれん
こん、Aを混ぜ合わせる。ほかの材
料と作り方は同じ。

たんぱく質 **6.0**g

塩分 **0.9**g　エネルギー **161**kcal

27

| たんぱく質 **6.3g** | 塩分 **1.0g** | エネルギー **170**kcal |

材料（2人分）

ツナ缶（油漬け） ── 小1缶（70g）
じゃがいも ── 2個（300g）

A
- 水 ── 1/2カップ
- 酒 ── 小さじ2
- しょうゆ ── 小さじ1
- 砂糖 ── 小さじ1/2
- 塩 ── 少々

ツナじゃが

肉をツナにかえてカロリーダウン

カロリー控えめ

作り方

1 じゃがいもは皮をむき、ひと口大に切って水にさらす。

2 鍋に1を水けをきって入れ、Aと汁けをきったツナを加える。ふたをして火にかけ、沸騰したら弱火にして10〜12分ほど煮る。

ツナおろしあえ

胃腸の働きを助ける大根と
あえるだけ！ 酒の肴にも

材料（2人分）

ツナ缶（油漬け）…… 小1缶（70g）
大根 …… 4cm（150g）
酢 …… 小さじ2
塩 …… 少々

作り方

1 ツナは汁けをきる。大根はすりおろして水けをきる。

2 ボウルに1を入れ、酢、塩と合わせる。

簡単・手軽

たんぱく質4.6g　塩分0.5g　エネルギー93kcal

日々のおかずに
パパッとたんぱく質を
ちょい足し!

"たんぱく質を少量ずつでも毎食とる"ことは、いつまでも心身ともに健康でいるための大切なミッションです。それ自体のたんぱく質量はそれほど多いとはいえませんが、ちょこっとプラスするだけで、不足しがちなたんぱく質を手軽に補うことができる食材を紹介します。比較的日持ちもするので常備しておくと便利。サラダ、大根おろし、冷ややっこ、卵焼き、野菜のおひたし、あえもの、みそ汁などの汁ものにプラス。粉チーズは揚げもの、グリル野菜、スープなどにさっとひとふり!

かに風味かまぼこ

たんぱく質量 **1.1**g（10g1本）

ちりめんじゃこ

たんぱく質量 **3.3**g（10g）

粉チーズ

たんぱく質量 **2.5**g（大さじ1）

かつお節

たんぱく質量 **1.9**g（3g入り1袋）

さくらえび

たんぱく質量 **2.3**g（大さじ1）

いりごま

たんぱく質量 **1.9**g（大さじ1）

PART 2

肉のおかず

たんぱく質豊富な食材の
代表といえばコレ!

ボリュームたっぷり

材料(2人分)

長ねぎ ── 1/3本(30g)　　**溶き卵** ── 1/4個分

豚もも薄切り肉 ── 150g　　**小麦粉** ── 1/4カップ

しょうゆ ── 小さじ1/2　　**揚げ油** ── 適量

作り方

1 長ねぎは厚めの小口切り、豚肉はひと口大に切ってしょうゆをからめて下味をつける。

2 溶き卵に冷水(分量外)を加えて1/4カップにし、小麦粉を加えてさっくり混ぜ、1を入れて軽く混ぜる。

3 揚げ油を170度に熱し、2を木べらにひと口大ずつ平らにのせて滑らせながら入れ、からりと揚げて油をきる。器に盛り、好みで塩や山椒塩をふる。

肉のおかず　豚肉

たんぱく質 **15.6**g ｜ 塩分 0.4g ｜ エネルギー 336kcal

［長ねぎと豚肉のかき揚げ］をアレンジ

\ 豚肉をえびにかえると
食感サクッ＆プリ！ /

長ねぎとえびの
かき揚げ

豚肉のかわりにえび8尾
（160g・殻をむき、背ワタを
除き、3等分に切る）にする。
ほかの材料と作り方は同じ。

たんぱく質 **14.5**g

塩分 0.5g ｜ エネルギー 295kcal

リコピンたっぷりのトマトで美肌キープ！

カロリー控えめ

材料（2人分）

ミニトマト ── 10個（150g）

青じそ ── 5枚

豚ロース薄切り肉（しゃぶしゃぶ用）── 10枚（150g）

オリーブ油 ── 小さじ1

しょうゆ ── 小さじ1

たんぱく質 **13.8**g　塩分 **0.5**g　エネルギー **230**kcal

作り方

1 ミニトマトはヘタを除く。青じそは半分に切る。

2 手のひらに豚肉を1枚広げ、**1**の青じそ1/2枚、ミニトマト1個をのせ、くるりと全体を包む。

3 フライパンにオリーブ油を熱し、**2**を入れ、中火で転がしながら表面を焼き、焼き色がついたらしょうゆを加えてからめる。

Point　トマトがツルッとしているので間に青じそをはさむと肉を巻きやすい。

材料（3人分・作りやすい分量）

豚ばら肉（かたまり）── 300g
しょうがの薄切り ── 5〜6枚
長ねぎ（青い部分）── 4cm
A 酒 ── 大さじ2
　 砂糖、しょうゆ ── 各大さじ1と1/2
B 片栗粉 ── 大さじ1/2
　 水 ── 大さじ1
練りからし ── 適量

作り方

① 鍋に豚肉とかぶるくらいの水、しょうが、長ねぎを入れて火にかけ、沸騰したら弱火で1時間ほどゆで、そのまま冷ます。

② 別の鍋に①のゆで汁（表面の脂を除く）1と1/2カップとAを入れて煮立て、①の豚肉を4つくらいに切って入れ、ふたをして弱火でさらに30分煮る。

③ 器に②の肉を取り出して盛る。残った煮汁にBを混ぜた水溶き片栗粉でとろみをつけて肉にかけ、練りからしを添える。

作りおき
OK

Point 　下ゆでをすることで、肉特有の臭みやアクを除き、余分な脂分をとる。

たんぱく質 **13.4**g　塩分 **1.4**g　エネルギー **407**kcal

| たんぱく質 **21.6**g | 塩分 **1.9**g | エネルギー **248**kcal |

トマト肉豆腐

栄養満点食材トリオで新感覚小鉢

1食分の
たんぱく質
クリア

材料(2人分)

トマト ── 大1個(200g)
豚もも薄切り肉 ── 150g
木綿豆腐 ── 2/3丁(200g)
オリーブ油 ── 小さじ1と1/2

A
├ だし汁 ── 2/3カップ
├ 酒 ── 大さじ1
├ しょうゆ ── 小さじ4
└ 砂糖 ── 小さじ1

作り方

1 トマトはくし形切り、豚肉は
ひと口大に切り、豆腐は6等分
に切る。

2 鍋にオリーブ油を熱し、**1**
の豚肉を入れて炒め、Aを加
えて煮立てる。さらに豆腐を
加えてふたをし、沸騰したら弱
火で7〜8分煮、最後にトマト
を加えて3分ほど煮る。汁とと
もに盛る。

豚肉の紅しょうが天ぷら

揚げものも紅しょうがの酸味でさっぱり

材料(2人分)

豚ロース薄切り肉
　（しょうが焼き用）…… 150g
A[酒、しょうゆ …… 各小さじ1
紅しょうが …… 1/2袋(30g)
溶き卵 …… 1/4個分
小麦粉 …… 1/4カップ
揚げ油 …… 適量

作り方

1 豚肉はひと口大に切り、Aで
下味をつける。紅しょうがは1cm
長さに切る。

2 溶き卵に冷水（分量外）を加
えて1/4カップにし、小麦粉を加
え、さっくりと混ぜ、1を入れて
全体をからめる。

3 揚げ油を170度に熱し、2の
豚肉を広げながら入れ、からりと
揚げ、油をきる。

ボリューム
たっぷり

たんぱく質 **14.9**g ｜ 塩分 **1.1**g ｜ エネルギー **370**kcal

大根と豚肉のべっこう煮

ボリュームたっぷり

材料（2人分）

大根 …… 5cm（300g）
豚ばら薄切り肉 …… 150g
しょうがの薄切り …… 2枚

A
だし汁 …… 1カップ
酒 …… 大さじ2
しょうゆ …… 大さじ1強
砂糖 …… 小さじ2

作り方

1 大根は皮をむいて細めの乱切り、豚肉は3～4cm幅に切る。

2 鍋にAと1としょうがを入れて火にかけ、ふたをして沸騰したら弱火で15分ほど煮る。

たんぱく質 **11.0**g ｜ 塩分 **1.9**g ｜ エネルギー **335**kcal

豚肉をさばにかえて
たんぱく質量アップ

大根とさばのべっこう煮

豚肉のかわりにさば2切れ（160g・
1切れを3つに切り、熱湯をかける）
にし、Aを〔だし汁1カップ、酒大さじ
3、しょうゆ小さじ4、砂糖小さじ2〕
とする。鍋に大根とA（しょうゆの
み半量）としょうがが1/2かけ（薄切
り）、赤唐辛子1/2本を入れてふた
をして10分、残りのしょうゆとさばを
入れて10分煮る。ほかの材料と作
り方は同じ。

たんぱく質 **15.7**g

塩分 **2.1**g ｜ エネルギー **237**kcal

〔大根と豚肉のべっこう煮〕を
アレンジ

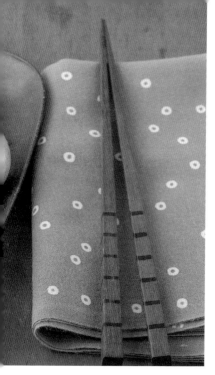

作りおき
OK

煮豚

みんな大好き！ たんぱく質おかずの代表格

材料（作りやすい分量）

豚肩ロース肉（かたまり） ⋯⋯ 400g

サラダ油 ⋯⋯ 小さじ1

しょうが ⋯⋯ 1かけ

A 長ねぎ（青い部分） ⋯⋯ 5cm
水 ⋯⋯ 3カップ
酒 ⋯⋯ 大さじ2

B 砂糖 ⋯⋯ 大さじ2と1/2
しょうゆ ⋯⋯ 大さじ3

ゆで卵（室温に戻した卵を沸騰した湯で5分ゆで、
水にとって冷まし、殻をむいたもの） ⋯⋯ 2個

肉のおかず　豚肉

全量で
たんぱく質 **77.9**g　塩分 **8.6**g　エネルギー **1187**kcal

作り方

1 豚肉はたこ糸で巻く。しょうがは薄切りにする。

2 フライパンにサラダ油を熱し、1の豚肉を入れ、表面をきつね色に焼く。

3 小さめの鍋に2と1のしょうが、Aを入れ、ふたをして火にかけ、沸騰したら弱火で30分煮る。さらにBを加えて15分、ひっくり返して10分煮る。仕上げにゆで卵を入れ、5分くらい煮る。豚肉のたこ糸をはずし、切って器に盛る。

Point 肉はこんがり焼いてうま味を閉じ込め、まず酒で煮てやわらかくしてから砂糖としょうゆを加える。

43

豚肉となす、ピーマンのみそ炒め

1食分の
たんぱく質
クリア

材料(2人分)

豚もも薄切り肉 — 200g

塩、こしょう — 各少々

なす — 2本(160g)

ピーマン — 2個(60g)

A[みそ — 大さじ1と1/2
酒 — 大さじ1
砂糖 — 小さじ1]

サラダ油 — 小さじ3

肉のおかず　豚肉

| たんぱく質 20.3g | 塩分 2.0g | エネルギー 250kcal |

作り方

1 豚肉はひと口大に切って塩、こしょうをふり、なすとピーマンは乱切りにする。Aの調味料は混ぜ合わせておく。

2 フライパンにサラダ油小さじ2を熱し、1のなすを入れ、中火でじっくり焼き、ふたをして弱火で2分くらい蒸し焼きにして取り出す。同じフライパンに残りの油を足して熱し、豚肉を入れて焼き、ピーマンを加えて炒め、さらになすを戻し入れ、Aを加えて全体を炒め合わせる。

Point　あらかじめ、なすに火を通しておくことで、3つの食材に火が通り、ピーマンの食感を残すことができる。

| たんぱく質 **19.6**g | 塩分 **1.7**g | エネルギー **213**kcal |

豆苗と豚肉の塩麹炒め

豆苗は栄養価もコスパも高い優秀食材

材料（2人分）

豆苗 —— 1パック（正味100g）
豚もも薄切り肉 —— 200g
A ┌ 酒、片栗粉 —— 各小さじ1
　└ 塩、こしょう —— 各少々
オリーブ油 —— 小さじ2
塩麹（なければ、みりん大さじ1/2と
　　塩小さじ1/4で代用）—— 大さじ1

作り方

1. 豆苗は根元を切り落とし、長さを半分に切る。豚肉は太めの千切りにする。

2. ボウルに1の豚肉とAを入れて混ぜる。

3. フライパンにオリーブ油を熱し、2を入れて豚肉をほぐしながら炒め、1の豆苗を加えてさっと炒め、塩麹も加えて炒め合わせる。

野菜も
たっぷり

常夜鍋

毎晩食べても飽きない！
疲れが抜けない時にも

材料（2人分）

ほうれん草 ── 1束（200g）
長ねぎ ── 1/2本（50g）
豚ロース薄切り肉（しゃぶしゃぶ用）
　── 200g
A ┌ 水 ── 3〜4カップ
　└ だし昆布 ── 5cm
酒 ── 大さじ2
ポン酢しょうゆ ── 適量

野菜も
たっぷり

作り方

1️⃣ ほうれん草は5〜6cm長さに切る。長ねぎは斜め薄切りにし、さっと水にさらして水けをきる。

2️⃣ 鍋にAを入れて中火にかけ、煮立つ直前に昆布を取り出し、酒を加えて煮立てる。1と豚肉を入れてさっと煮る。ポン酢しょうゆを添え、つけながら食す。

たんぱく質19.8g

塩分1.5g（ポン酢1人大さじ1杯使ったとして）

エネルギー286kcal

白菜と豚ばら肉の重ね煮

豚ばら肉に足りない栄養素を
白菜がカバーする最強コンビの簡単メニュー

材料（2人分）

白菜 —— 4枚（400g）
豚ばら薄切り肉 —— 150g
しょうが —— 1/2かけ

A
だし汁 —— 1/2カップ
みりん —— 小さじ1
塩 —— 小さじ1/2

作り方

1 白菜は3等分に、豚肉も3等分、しょうがは千切りにする。

2 小さめの鍋に1の白菜と豚肉を3〜4層くらいになるよう順に重ね入れ、Aを加えてしょうがを散らしてふたをし、中火にかける。沸騰したら弱火にして約20分煮る。

3 2を切り分けて器に盛る。

たんぱく質 **10.9**g ｜ 塩分 **1.6**g ｜ エネルギー **309**kcal

〔白菜と豚ばら肉の重ね煮〕を アレンジ

豚肉を鶏ひき肉にかえて
たんぱく質量アップ

白菜と鶏ひき肉の重ね煮

豚ばら肉のかわりに鶏ひき肉
200g〔しょうが1/2かけ（すりお
ろす）、しょうゆ、酒各小さじ1〕を
加えて粘りが出るまでよく混ぜる〕
にして重ねて煮る。ほかの材料と
作り方は同じ。

たんぱく質 **16.2**g

塩分 **1.6**g ｜ エネルギー **212**kcal

49

豚のしょうが焼き

血液サラサラ効果のある玉ねぎを加えて

ボリュームたっぷり

材料(2人分)

豚ロース薄切り肉 ── 200g
塩、こしょう ── 各少々
しょうが ── 1かけ
玉ねぎ ── 1/4個(50g)
A[
酒、しょうゆ ── 各大さじ1
みりん ── 大さじ1/2
砂糖 ── 小さじ1/2
]
サラダ油 ── 小さじ3
小麦粉 ── 少々
キャベツの千切り ── 2枚(120g)分

| たんぱく質 **19.9g** | 塩分 **1.7g** | エネルギー **299**kcal |

作り方

1 豚肉は塩、こしょうをふる。しょうがはすりおろし、玉ねぎは細切り、Aは混ぜ合わせておく。

2 フライパンにサラダ油小さじ1を熱し、1の玉ねぎを炒めて取り出す。同じフライパンに残りのサラダ油を入れ、豚肉に小麦粉を薄くまぶしながら広げ入れ、両面を焼く。さらにしょうがを加えて炒め、玉ねぎを戻し入れたら、混ぜておいたAを加え、手早く炒め合わせる。器に盛り、キャベツをつけ合わせる。

Point　豚肉はしっかり火を通したいので、玉ねぎは一度取り出し、肉に火が通ったら戻し入れる。玉ねぎの食感も残す。

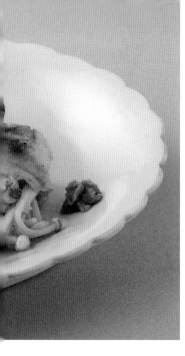

肉巻きえのき

食物繊維豊富な
えのきだけを巻いて

カロリー
控えめ ↓

作り方

1 えのきだけは根元を切り落とし、3等分に分ける。豚肉は塩、こしょうをふり、2枚一組に少しずらして広げ、えのきだけをのせて巻く。両端が出てもよい。同様に計3本巻く。

2 フライパンにサラダ油を熱し、①の巻き終わりを下にして入れて焼き、時々転がしながら全体に焼き色をつけ、ふたをして弱火で3分ほど蒸し焼きにする。切り分けて器に盛り、ゆずこしょうを添える。

材料（2人分）

えのきだけ
　── 1パック（200g）
豚もも薄切り肉
　── 6枚（180g）
塩 ── 小さじ1/4
こしょう ── 少々
サラダ油 ── 小さじ1
ゆずこしょう ── 少々

たんぱく質 **17.6**g　　塩分 **1.1**g　　エネルギー **171**kcal

╲ 肉の種類や部位をかえて ╱
作ってみるのも楽しい！

牛肉巻きえのき

豚肉のかわりに牛もも薄切り肉にする。ほかの材料と作り方は同じ。

たんぱく質 **16.8**g

塩分 **1.1**g　エネルギー **199**kcal

［肉巻きえのき］を
アレンジ

| たんぱく質 15.0g | 塩分 1.6g | エネルギー 237kcal |

材料（2人分）

豚ロース薄切り肉 —— 150g
葉ねぎ（わけぎ、九条ねぎなど）
　　—— 1束（100g）
A ┤ みそ —— 小さじ4
　　│ 酒 —— 大さじ1/2
　　│ 砂糖 —— 小さじ1
B ┤ 酢 —— 小さじ2
　　│ 練りからし —— 小さじ1/5

作り方

1 葉ねぎは葉先を落とし、半分に切ってゆで、水にとる。冷めたらまな板に置いて菜箸を転がしてぬめりを押し出し、3cm長さに切る。豚肉は葉ねぎをゆでた湯でさっとゆでて火を通し、水にとって冷めたらすぐにあげ、水けをふき取り、ひと口大に切る。

2 耐熱ボウルにAを混ぜ、電子レンジで20秒加熱し、Bを混ぜて冷ます。

3 2に1を入れて全体をあえる。

ロース肉を酢みそであえて、あっさりヘルシーに

ゆで豚と葉ねぎの酢みそあえ

野菜も
たっぷり

54

長いもと豚肉のピリ辛炒め

胃腸の調子をととのえる長いもと合わせて

材料（2人分）

長いも ── 1/2本（200g）
豚もも薄切り肉 ── 200g
塩、こしょう ── 各少々
赤唐辛子 ── 1本
ごま油 ── 小さじ2
A │ しょうゆ、酢、みりん ── 各小さじ1
　│ 塩 ── 小さじ1/4
　│ 粉山椒 ── 少々

作り方

1 長いもは拍子木切りにする。豚肉はひと口大に切り、塩、こしょうをし、赤唐辛子は輪切りにする。

2 フライパンにごま油を熱し、1の豚肉を入れて炒め、長いも、赤唐辛子を加え、さらに炒め、Aを加えて全体を炒め合わせる。

1食分の
たんぱく質
クリア

たんぱく質 **21.3**g　塩分 **1.6**g　エネルギー **293**kcal

たんぱく質 **19.1g** | 塩分 **1.4g** | エネルギー **184kcal**

材料（2人分）

さやいんげん ── 約14本（100g）
豚もも薄切り肉 ── 200g
塩、こしょう ── 各少々
オリーブ油 ── 小さじ1

A
しょうゆ ── 小さじ2
みりん ── 小さじ1
トマトケチャップ ── 小さじ1と1/2
カレー粉 ── 少々

作り方

1 さやいんげんはヘタを切り落として、ゆでる。

2 豚肉は2等分にして塩、こしょうをふって広げ、1を7〜8本ずつのせて巻く。計2本作る。

3 フライパンを熱し、オリーブ油を入れて2の巻き終わりを下にして並べ、中火でゆっくり転がしながらきつね色に焼く。ふたをして弱火で3〜4分蒸し焼きにして火を通し、Aを混ぜて加え、からめる。粗熱をとって切り分ける。

カレー風味がアクセント。見た目もおいしい！

さやいんげんの肉巻き

カロリー
控えめ ⬇

パプリカと豚肉の塩炒め

パプリカと炒めてアンチエイジング！

野菜も
たっぷり

材料（2人分）

- パプリカ（黄）…… 1/2個（90g）
- 豚もも薄切り肉 …… 200g
- 塩、こしょう …… 各少々
- 長ねぎ …… 3cm（20g）
- オリーブ油 …… 小さじ3
- A みりん …… 小さじ2
- 塩 …… 小さじ1/3

作り方

1 パプリカはヘタと種を除き、細めの乱切りにする。豚肉は食べやすい大きさに切り、塩、こしょうをふる。長ねぎは太めの千切りにする。

2 フライパンにオリーブ油を熱し、1の豚肉を炒め、パプリカ、長ねぎも加えてさらに炒め、Aを加えて炒め合わせる。

たんぱく質 **18.4**g　塩分 **1.4**g　エネルギー **222**kcal

鶏の竜田揚げ

1食分の
たんぱく質
クリア

材料（2人分）

鶏もも肉 ── 1枚（250g）

A
- 酒、しょうゆ ── 各小さじ2
- 砂糖、しょうが汁 ── 各小さじ1/2
- 塩、こしょう ── 各少々

しし唐辛子 ── 6本（40g）

片栗粉 ── 適量

揚げ油 ── 適量

作り方

1 鶏肉はひと口大に切る。ボウルにAを混ぜ合わせて鶏肉を入れてもみ込み、30分おく。しし唐辛子はフォークなどで穴をあける。

2 揚げ油を140度に熱し、**1**の鶏肉の汁けをきって片栗粉をまぶしながら入れ、4分揚げ、取り出して3分おく。再び180度に熱した油に入れ、きつね色にからりと揚げる。しし唐辛子を素揚げし、鶏肉といっしょに盛る。

たんぱく質 **21.9g**　塩分 **1.4g**　エネルギー **353**kcal

［鶏の竜田揚げ］を
アレンジ

もも肉をむね肉にかえて
たんぱく質量アップ

鶏のおかか揚げ

鶏もも肉を鶏むね肉1枚（250g・ひと口大の薄切り）に、Aを〔しょうゆ小さじ2、酒小さじ1、しょうが汁小さじ1/2、塩、こしょう各少々〕にかえ、鶏肉にもみ込んで20分くらいおく。片栗粉大さじ1に削り節1パック（4g）を混ぜ合わせて鶏肉にまぶし、170度に熱した油でからりと揚げる。

たんぱく質 **23.3g**

塩分 **1.3g**　エネルギー **253**kcal

肉巻きオクラの天ぷら

野菜も
たっぷり

材料(2人分)

オクラ —— 5本(50g)
鶏ささ身 —— 3本(150g)
A[しょうゆ —— 小さじ1
  塩 —— 少々

溶き卵 —— 1/4個分
小麦粉 —— 1/4カップ
揚げ油 —— 適量

作り方

1 オクラはガクをむき、塩(分量外)で表面をこすってさっと洗い、水けをふく。ささ身は筋をとって切り目を入れて開き、均一に薄くして縦半分に切り、Aで下味をつける。

2 ①のオクラをささ身でくるりと巻く。

3 溶き卵に冷水を加えて1/4カップにし、小麦粉を加えてさっくり混ぜ、衣を作る。

4 揚げ油を170度に熱し、**2**を**3**の衣にからめながら揚げて油をきり、斜めに切って器に盛る。あればレモンを添える。

たんぱく質 **17.2**g ｜ 塩分 **0.8**g ｜ エネルギー **273**kcal

［肉巻きオクラの天ぷら］を
アレンジ

＼ ねばねば健康食材のオクラは
切り口も華やか。お弁当にも ／

肉巻き
オクラフライ

鶏ささ身のかわりに豚もも薄切り肉
150g（しょうゆ小さじ1、塩、こしょ
う各少々で下味をつける）とし、オク
ラを巻く。天ぷらの衣を小麦粉、卵、
パン粉各適量にかえて順につけ、揚
げ油を170度に熱して揚げる。ほ
かの材料と作り方1は同じ。

たんぱく質 **16.8**g

塩分 **0.9**g ｜ エネルギー **296**kcal

レタスと蒸し鶏の
みょうがしょうゆあえ

1食分の
たんぱく質
クリア

材料（2人分）

レタス —— 3枚（90g）
鶏むね肉 —— 1枚（250g）
A｜ 塩 —— 少々
　｜ 酒 —— 小さじ1
　｜ しょうがの薄切り —— 2枚

みょうが —— 1個
B｜ しょうゆ —— 大さじ1
　｜ 酢、ごま油
　　　 —— 各小さじ1

作り方

1 レタスは食べやすい大きさに切る。鶏肉は耐熱皿にのせ、Aの塩と酒をふってしょうがをのせ、ラップをして電子レンジで4分加熱し、そのまま冷まして薄切りにする。

2 みょうがは小口切りにしてBと混ぜる。

3 器に1を盛り合わせ、2をのせる。

たんぱく質 **22.5**g ｜ 塩分 **1.7**g ｜ エネルギー **201**kcal

＼ 市販のゆでだこを使って ／
もっと手軽にヘルシーに

レタスとたこの
みょうがしょうゆかけ

鶏肉のかわりにゆでだこ150g（薄切り）を食べやすく切ったレタスの上に盛り合わせる。Aを除いて、Bのしょうゆを小さじ2にする。ほかの材料と作り方2、3は同じ。

たんぱく質 **12.0**g

塩分 **1.3**g ｜ エネルギー **98**kcal

「レタスと蒸し鶏のみょうがしょうゆあえ」をアレンジ

| たんぱく質 **22.3**g | 塩分 **1.7**g | エネルギー **327**kcal |

にんじんと鶏肉のママレードしょうゆ煮

緑黄色野菜の王様にんじんと組み合わせて

材料(2人分)

にんじん —— 小1本(120g)
鶏もも肉 —— 1枚(250g)
サラダ油 —— 小さじ1

A ┌ だし汁 —— 1/2カップ
 │ ママレード —— 大さじ2
 │ しょうゆ —— 大さじ1
 │ 砂糖 —— 小さじ1
 └ 赤唐辛子(斜め切り) —— 1/2本

作り方

1 にんじんは皮をむいて乱切り、鶏肉はひと口大に切る。

2 鍋にサラダ油を熱し、1の鶏肉を入れてじっくり焼き、にんじんを加えて炒める。Aを入れて混ぜ、ふたをして沸騰したら弱火で15分ほど煮、ふたを開け、火を強めて煮汁をからめる。

1食分の
たんぱく質
クリア ◆

鶏照り焼き

油は使わず、鶏の脂を落とす調理法で

材料（2人分）

鶏もも肉 …… 1枚（250g）

A
- しょうゆ …… 大さじ1
- みりん …… 小さじ2
- 砂糖 …… 小さじ1/4
- しょうが汁 …… 小さじ1/2

作り方

1 鶏肉は皮にフォークなどで穴をあける。バットにAを混ぜ合わせて鶏肉を漬け、室温で1時間ほどおく。（夏は冷蔵庫で）

2 220度に予熱したオーブンまたはオーブントースターで皮を上にして10分焼き、粗熱をとり、切り分ける。

1食分の
たんぱく質
クリア ◆

たんぱく質21.8g　塩分1.8g　エネルギー261kcal

鶏ごぼう

1食分の
たんぱく質
クリア

材料（2人分）

ごぼう ── 大1/2本（100g）
鶏もも肉 ── 1枚（250g）

A
| だし汁 ── 1/2カップ
| しょうゆ、酒 ── 各大さじ1
| 砂糖 ── 小さじ2

サラダ油 ── 小さじ1

作り方

1 ごぼうは皮を包丁の背でこそげ取り、乱切りにして水にさっとさらして水けをきる。鶏肉はひと口大に切る。

2 フライパンにサラダ油を熱し、1の鶏肉を入れて焼き、ごぼうを加えて炒める。Aを合わせて入れ、ふたをして中火で10分煮、ふたを開け、火を強めて煮汁をからめる。

たんぱく質 **22.5**g ｜ 塩分 **1.6**g ｜ エネルギー **312**kcal

［鶏ごぼう］をアレンジ

＼ 食物繊維が豊富なごぼう
血糖値抑制効果も ／

ごぼうと豚肉、にんじんの炒め煮

鶏もも肉のかわりに豚肩ロース薄切り肉150g（3～4cm幅に切る）、にんじん小1/2本（60g・乱切り）にする。作り方2で豚肉、にんじん、ごぼうを炒める。ほかの材料と作り方は同じ。

たんぱく質 **12.7**g

塩分 **1.4**g ｜ エネルギー **242**kcal

チキンソテートマトしょうゆかけ

1食分の
たんぱく質
クリア

材料(2人分)

鶏もも肉 ── 1枚(250g)

塩 ── 小さじ1/6

こしょう ── 少々

にんにく ── 1/4かけ

オリーブ油 ── 小さじ1

A
| トマト(角切り) ── 1/2個(80g)
| みょうが(小口切り) ── 1個
| しょうが(みじん切り) ── 1/2かけ
| しょうゆ ── 小さじ2
| 酢 ── 小さじ1

| たんぱく質 **21.9**g | 塩分 **1.6**g | エネルギー **272**kcal |

作り方

1 鶏肉は塩、こしょうをすり込み、にんにくは薄切りにする。

2 フライパンにオリーブ油を熱し、鶏肉の皮を下にして入れ、中火で4〜5分かけてきつね色に焼く。ひっくり返して弱火にし、にんにくを加え、ふたをして4〜5分蒸し焼きにする。粗熱をとり、切り分けて器に盛る。Aを混ぜ合わせたトマトしょうゆをかける。

Point　まずは皮目のほうをふたをせずにしっかり焼き、ひっくり返したら蒸し焼きにする。身がふっくらやわらかい仕上がりになる。

アスパラガスの治部煮

パサつきがちな鶏むね肉がしっとり仕上がる

1食分の
たんぱく質
クリア

材料（2人分）

グリーンアスパラガス
　　—— 5〜6本（100g）
鶏むね肉 —— 1枚（250g）
小麦粉 —— 適量

A
| だし汁 —— 1カップ
| しょうゆ —— 大さじ1
| 酒 —— 小さじ2
| 砂糖 —— 大さじ1/2

塩、練りわさび —— 各少々

作り方

1 アスパラガスは根元のかたい部分を切り落としてハカマをそぎ、かためにゆでて3等分に切る。鶏肉は薄いそぎ切りにして塩をふる。

2 鍋にAを煮立て、1の鶏肉に小麦粉をまぶしながら入れ、ふたをして弱火で7〜8分煮る。さらにアスパラガスを加え、ふたをして3分ほど煮る。

3 器に盛り、練りわさびをのせる。

たんぱく質 **23.4**g　塩分 **1.8**g　エネルギー **212**kcal

［アスパラガスの治部煮］を
アレンジ

老化防止パワーを
持つ鮭にかえて

アスパラガスと
鮭の治部煮

鶏肉のかわりに生鮭（切り身）2切れ（200g・そぎ切りにし、しょうが汁小さじ1と塩少々で下味をつける）にする。ほかの材料と作り方は同じ。

たんぱく質 **18.6**g

塩分 **2.0**g　エネルギー **231**kcal

たんぱく質 **13.1**g 　塩分 **1.7**g 　エネルギー **242**kcal

材料(2人分)

鶏手羽先 …… 6本
塩、こしょう …… 各少々
揚げ油 …… 適量

A {
しょうゆ …… 大さじ1
砂糖 …… 大さじ1/2
いりごま(白) …… 小さじ1
粗びき黒こしょう …… 少々
}

作り方

1 手羽先は裏側の骨に沿って包丁で切り込みを入れ、塩、こしょうをふる。

2 揚げ油が冷たいうちに**1**を入れ、中火で7〜8分かけてゆっくり揚げ、揚げ終わりに火を強めてからりと揚げ、油をきる。

3 ボウルにAを混ぜ合わせて**2**を入れ、時々全体を混ぜ、20分ほど漬けて味をなじませる。

手羽先の素揚げ 黒こしょう風味

コラーゲンたっぷりの手羽先をスパイシーに

ボリュームたっぷり

蒸し鶏とアボカドのわさびしょうゆあえ

低脂質でおいしい簡単あえもの

材料（2人分）

鶏ささ身 …… 2本（100g）

A｜
塩 …… 少々
酒 …… 小さじ1
しょうがの薄切り …… 2枚

アボカド …… 小1個（正味150g）

B｜
しょうゆ …… 小さじ1と1/2
練りわさび …… 少々

作り方

1 ささ身は耐熱皿に並べて、Aの塩、酒をふり、しょうがをのせ、ラップをして電子レンジで2分加熱し、そのまま冷まして太めに裂く。

2 アボカドは種をとって皮をむき、乱切りにする。

3 ボウルにBを混ぜ合わせ、1と2を入れてあえる。

カロリー控えめ ↓

たんぱく質11.4g　塩分1.0g　エネルギー190kcal

73

干ししいたけと手羽中の煮もの

うま味とコラーゲンをぎゅっと閉じ込めて

材料（2人分）

干ししいたけ
　　── 小4個（16g）
鶏手羽中 ── 6個（240g）

A ┌ だし汁 ── 1/2カップ
　│ しょうゆ ── 大さじ1
　└ 酒、砂糖 ── 各小さじ2

赤唐辛子 ── 1/2本

作り方

1 干ししいたけはさっと洗い、ポリ袋に水とともに入れ、空気を抜くようにポリ袋の口を縛って戻し、軸を落としてそぎ切りにする。

2 鍋にAを入れて煮立て、手羽中、1、赤唐辛子を入れ、ふたをして15分くらい弱火で煮る。

| たんぱく質 **12.7**g | 塩分 **1.5**g | エネルギー **184**kcal |

コラーゲンも豊富
さらにガッツリ系に

干ししいたけと
スペアリブの煮もの

手羽中のかわりにスペアリブ250g（短めに切る）にする。ほかの材料と作り方は同じ。

| たんぱく質 **12.1**g |
| 塩分 **1.5**g | エネルギー **339**kcal |

〔干ししいたけと
手羽中の煮もの〕を
アレンジ

75

1食分の♦
たんぱく質
クリア♦♦

鶏もも肉の小松菜巻き煮

カルシウムが豊富な小松菜とジューシーなもも肉の相性はばっちり。巻いて煮ると豪華に！

<u>材料</u>（2人分）

小松菜 ── 1/2束（100g）
鶏もも肉 ── 1枚（250g）
塩 ── 小さじ1/5
A
┃ **だし汁** ── 3/4カップ
┃ **酒** ── 大さじ1
┃ **しょうゆ** ── 小さじ2
┃ **砂糖** ── 小さじ1と1/2

Point

煮くずれを防ぐためにたこ糸で縛る。
100円均一店でも入手可能。
裁縫用の糸は細すぎて不向き。

たんぱく質 **22.5**g　　塩分 **1.8**g　　エネルギー **267**kcal

作り方

1 小松菜はかためにゆでて鶏肉の幅に切る。鶏肉はところどころに包丁で切り目を入れて開き、厚みを均一にし、塩をふる。

2 [1]の鶏肉の皮目を外側にし、小松菜をのせてくるっと巻き、たこ糸で何カ所か縛る。

3 小さめの鍋にAを煮立てて弱火にし、[2]を巻き止まりを下にして入れ、ふたをして15分煮る。ひっくり返してさらに15分煮たら、ふたを開けて火を強め、残っている煮汁を1/4量くらいになるまでからめながら煮る。冷ましてたこ糸をはずし、切り分ける。

77

親子丼

栄養バランスのよいどんぶりはこれ！

1食分の ◆
たんぱく質
クリア ◆

材料（2人分）

鶏もも肉 —— 1/2枚（125g）
長ねぎ —— 1/2本（50g）

A
- だし汁 —— 1/2カップ
- しょうゆ —— 大さじ2
- みりん —— 大さじ1
- 砂糖 —— 小さじ2

三つ葉 —— 1/4束（10g）
溶き卵 —— 2個分
ご飯 —— どんぶり2杯分

作り方

1 鶏肉はひと口大のそぎ切り、ねぎは斜め切り、三つ葉は2cm長さに切る。

2 フライパンにAを入れて煮立て、1の鶏肉、ねぎを入れ、ふたをして沸騰したら弱火にし、5分ほど煮る。三つ葉を散らし、溶き卵をまわし入れ、ふたをして火を止め、好みのかたさにとじる。

3 どんぶりにご飯を盛り、上から2をかける。

たんぱく質 **21.8**g　塩分 **3.0**g　エネルギー **560**kcal

＼ たまには思う存分満腹に！／

かつ丼

鶏もも肉のかわりに豚ロース薄切り肉4枚（しょうが焼き用）にし、2枚を一組に重ねてこしょう少々をふり、小麦粉適量、溶き卵1/3個分、パン粉適量の順に衣をつけて170度に熱した油でからりと揚げてとんかつを作る。粗熱をとり、食べやすい大きさに切る。フライパンにAを入れて煮立て、とんかつ、長ねぎ、しいたけ1枚（軸を落として薄切りにする）を加えて沸騰したら三つ葉を散らし、以下同様に作る。ほかの材料と作り方は同じ。

［親子丼］をアレンジ

たんぱく質 **24.1**g

塩分 **3.0**g　エネルギー **674**kcal

79

| たんぱく質 **13.4**g | 塩分 **1.6**g | エネルギー **296**kcal |

さつまいもと手羽先の煮もの

煮る前に炒めて素材のうま味を引き出す

材料（2人分）

さつまいも —— 小1本（150g）
鶏手羽先 —— 6本
しょうが —— 1/2かけ
赤唐辛子 —— 1/2本

A
水 —— 3/4カップ
酒 —— 大さじ1
砂糖 —— 小さじ2
しょうゆ —— 大さじ1

サラダ油 —— 小さじ1

作り方

1 さつまいもは皮つきのまま乱切りにし、水にさらして水けをきる。しょうがは千切りにする。

2 フライパンにサラダ油を熱し、手羽先を入れて両面を焼き、**1**のさつまいもを加えて表面を焼くように炒め、さらにしょうが、赤唐辛子、Aを加え、ふたをして沸騰したら弱火で12分ほど煮る。ふたをとり、強火にして煮汁をからめる。

ボリュームたっぷり

チキン南蛮

むね肉がふっくらジューシー！
たんぱく質メニューの定番に

材料（2人分）

鶏むね肉 ── 1枚（250g）
塩、こしょう ── 各少々
小麦粉 ── 適量
溶き卵 ── 1/2個分
揚げ油 ── 適量

A │ 酢、しょうゆ ── 各大さじ1
　│ 砂糖 ── 小さじ2

B │ ゆで卵（粗みじん切り） ── 1/2個
　│ 玉ねぎ（みじん切り・水にさらして
　│ 　水けをしぼる） ── 小さじ1
　│ マヨネーズ ── 大さじ2
　│ こしょう ── 少々

サラダ菜 ── 適量

1食分の
たんぱく質
クリア

作り方

1 鶏肉は大きめのそぎ切りにして塩、こしょうをふり、小麦粉を薄くまぶして溶き卵をからめる。

2 揚げ油を170度に熱し、①を入れてからりと揚げ、油をきる。

3 バットまたはボウルにAを混ぜ合わせ、②を熱いうちに入れてからめる。器に盛り、Bを混ぜ合わせて作ったタルタルソースをかけ、サラダ菜を添える。

たんぱく質 **26.0g** ｜ 塩分 **2.0g** ｜ エネルギー **419kcal**

たんぱく質 **17.2**g ｜ 塩分 **1.6**g ｜ エネルギー **158**kcal

にらとレバーの みりんしょうゆ炒め

鶏レバーはダイエット中のたんぱく質補給にも

材料（2人分）

にら ── 1束（100g）
鶏レバー ── 200g

A｜ しょうゆ ── 小さじ1
｜ しょうが汁 ── 小さじ1/2
｜ 塩 ── 少々

B｜ しょうゆ ── 小さじ1と1/2
｜ みりん ── 小さじ1
｜ こしょう ── 少々

牛乳、片栗粉 ── 適量
ごま油 ── 小さじ2

作り方

1 にらは5〜6cm長さに切る。レバーは牛乳、水各適量（牛乳が少し多め）に10分ほど浸し、流水で洗って水けをふいてそぎ切りにし、Aで下味をつける。

2 1のレバーの汁けをきり、片栗粉をまぶす。

3 フライパンにごま油を熱し、2のレバーを入れて中火から弱火でじっくり焼き、火が通ったら、強火にしてにらを加えてさっと炒め、Bを加えて炒め合わせる。

白菜とみかん、蒸し鶏のサラダ

寒い季節に食べたいビタミンCたっぷりサラダ

材料(2人分)

白菜 ── 2枚(200g)
みかん ── 1個
鶏ささ身 ── 2本(100g)

A
- 塩 ── 少々
- 酒 ── 小さじ1
- しょうがの薄切り ── 2枚

B
- 酢、オリーブ油 ── 各小さじ2
- 塩 ── 小さじ1/4
- 練りからし ── 少々

カロリー控えめ↓

作り方

1 白菜は、白い部分は千切り、葉は食べやすくちぎる。みかんは皮をむいて輪切りにし、さらに半月に切る。

2 ささ身はAの塩、酒をふってしょうがをのせ、ラップをして電子レンジで2分加熱し、冷まして太めに裂く。

3 ボウルに1と2を入れ、Bを混ぜ合わせたドレッシングを加えてあえる。

たんぱく質10.7g　塩分1.1g　エネルギー122kcal

肉じゃが

脂肪が少ない赤身肉を使って おふくろの味！

材料（2人分）

じゃがいも —— 2個（300g）
牛赤身切り落とし肉 —— 150g
玉ねぎ —— 1/2個（100g）
にんじん —— 小1/2本（60g）
サラダ油 —— 小さじ1

A ┃ だし汁 —— 3/4カップ
┃ 酒 —— 大さじ1
┃ しょうゆ
┃ —— 大さじ1と1/2
┃ 砂糖
┃ —— 小さじ2と1/2

作り方

1 じゃがいもは皮をむき、ひと口大に切って水にさらして水けをきる。牛肉は食べやすい大きさに切る。玉ねぎはくし形切り、にんじんは乱切りにする。

2 鍋にサラダ油を熱し、1の玉ねぎを炒め、にんじん、じゃがいもを加えて炒める。さらに牛肉を加えて炒め合わせ、Aを入れ、ふたをして火にかけ、沸騰したら弱火で15分ほど煮る。

たんぱく質 **16.0**g ｜ 塩分 **1.9**g ｜ エネルギー **283**kcal

〔肉じゃが〕をアレンジ

＼ 豚ロースにかえた分 甘みをおさえて ／

塩肉じゃが

牛肉のかわりに豚ロース薄切り肉150g（3〜4cm幅に切る）にし、Aを〔だし汁3/4カップ、みりん大さじ1、塩小さじ1/2〕とする。仕上げにしょうゆ小さじ1/2を加える。ほかの材料と作り方は同じ。

たんぱく質 **16.4**g

塩分 **1.9**g ｜ エネルギー **290**kcal

牛肉、ねぎ、しいたけの すき焼き

ねぎをこんがり焼いて甘さと風味を引き出して

ボリュームたっぷり

<u>材料</u>（2人分）

牛赤身切り落とし肉 ── 200g

長ねぎ ── 1本（100g）

しいたけ ── 2枚（40g）

サラダ油（または牛脂） ── 小さじ1

A | 水 ── 大さじ3
　| 酒 ── 大さじ2
　| しょうゆ ── 大さじ1と1/2
　| 砂糖 ── 大さじ1

| たんぱく質 **18.9**g | 塩分 **2.1**g | エネルギー **254**kcal |

作り方

1. 牛肉は食べやすい大きさに、長ねぎは2cm長さに、しいたけは石づきを落として半分に切る。

2. フライパンにサラダ油を熱し、1の長ねぎを焼き色がつくまでしっかり焼き、牛肉、しいたけを入れ、Aを加えて中火で煮る。

Point　長ねぎは煮汁を入れる前にじっくり焼いて甘さと香ばしさを引き出す。

しめじと牛肉の カレーしょうゆ炒め

簡単・手軽

材料（2人分）

しめじ …… 1パック（100g）
牛もも薄切り肉 …… 200g
塩、こしょう …… 各少々
にんにくの薄切り …… 1枚
バター …… 大さじ1

A｜しょうゆ …… 大さじ1
　｜カレー粉 …… 小さじ1/2

作り方

1 しめじは石づきを切り落としてほぐす。牛肉は太めの千切りにして塩、こしょうをふり、にんにくは千切りにする。

2 フライパンにバターを溶かして①の牛肉を炒め、しめじ、にんにくも加えてさらに炒め、Aを加え、全体を炒め合わせる。

たんぱく質 **18.5**g　塩分 **1.8**g　エネルギー **230**kcal

［しめじと牛肉の
カレーしょうゆ炒め］をアレンジ

\ カレー＆ガーリック風味は
どんな肉でも合う /

しめじと鶏肉の
カレーしょうゆ炒め

牛肉のかわりに鶏むね肉
3/4枚（190g・そぎ切り）に
する。ほかの材料と作り方
は同じ。

たんぱく質 **17.8**g

塩分 **1.8**g　エネルギー **187**kcal

たんぱく質 **17.7**g　塩分 **1.4**g　エネルギー **205**kcal

<u>材料(2人分)</u>

牛赤身切り落とし肉 —— 200g
しょうが —— 1/2かけ

A ┃ 酒 —— 大さじ2
　┃ しょうゆ —— 大さじ1
　┃ 砂糖 —— 小さじ2

<u>作り方</u>

1 牛肉はひと口大に切り、しょうがは千切りにする。

2 鍋に1とAを入れて中火にかけ、混ぜながら煮る。

あと1品ほしいときの常備菜に

牛肉のしぐれ煮

作りおき
OK

牛肉の香味焼き

ごまとごま油の豊かな香りが食欲をそそる

材料（2人分）

牛もも肉（焼き肉用）…… 200g

塩、こしょう …… 各少々

A
赤唐辛子（水で戻し、みじん切り）…… 1/2本
長ねぎ（みじん切り）…… 2cm（10g）
しょうゆ …… 小さじ2
いりごま（白）、ごま油 …… 各小さじ1
砂糖 …… 小さじ2/3

サラダ菜 …… 適量

作り方

1 牛肉は塩、こしょうをふる。

2 ボウルにAを入れて混ぜ合わせ、1を加えてもみ込み、20分ほどおく。

3 フライパンを熱して2を入れて両面を焼き、器に盛り、サラダ菜を添える。

簡単・手軽

たんぱく質 **17.9g**　塩分 **1.2g**　エネルギー **207kcal**

玉ねぎと牛肉の
ごましょうゆ炒め煮

材料（2人分）

玉ねぎ ── 小1個（150g）
牛赤身切り落とし肉
　── 200g
ごま油 ── 小さじ2

A
水 ── 大さじ3
しょうゆ ── 大さじ1
みりん ── 小さじ2
砂糖、すりごま（白）
　── 各小さじ1

作り方

1 玉ねぎは1cm幅の半月切りにしてほぐし、牛肉は
ひと口大に切る。

2 フライパンにごま油を熱し、①の牛肉を炒める。
玉ねぎを加えてさらに炒め、Aを加えて混ぜ、ふた
をして3分ほど蒸し煮にする。

たんぱく質 **18.5**g ｜ 塩分 1.4g ｜ エネルギー 266kcal

\ 豚ロース肉にかえて
脂分を少しプラス /

玉ねぎと豚肉の
ごましょうゆ炒め煮

牛肉のかわりに豚ロース薄
切り肉200g（ひと口大に切
る）にする。ほかの材料と作
り方は同じ。

たんぱく質 **19.8**g

塩分 1.4g ｜ エネルギー 287kcal

［玉ねぎと牛肉の
ごましょうゆ炒め煮］をアレンジ

ごぼうの八幡巻き

かみごたえのあるごぼうを巻いてボリュームアップ

ボリュームたっぷり

材料(2人分)

ごぼう ── 大1/2本(100g)
A[みりん、しょうゆ ── 各小さじ1/2
牛もも薄切り肉 ── 200g
塩、こしょう ── 各少々

B| しょうゆ、酒 ── 各大さじ1
 | 砂糖 ── 大さじ1/2
 | みりん ── 小さじ1

サラダ油 ── 小さじ1

Point ごぼうは下ゆでをし、さらに少し下味をつけて
おくことで甘辛い味となじみやすくなる。

たんぱく質 **18.3**g　　塩分 **1.9**g　　エネルギー **252** kcal

作り方

1 ごぼうは皮を包丁の背でこそげ取って半分に切り、鍋に入れ、かぶるくらいの水を加えて火にかける。沸騰したら弱火で5分ほどゆで、熱いうちに軽くたたいてAで下味をつける。

2 牛肉は2等分に分けてずらしながらごぼうの長さに広げ、塩、こしょうをふって**1**をのせて巻く。同様に計2本作る。

3 フライパンを熱してサラダ油を入れ、**2**の巻き終わりを下にして入れ、中火で転がしながら全体を焼く。Bを加えてふたをし、弱火で4〜5分蒸し焼きにし、ふたを開け、火を強めて煮汁をからめる。粗熱をとって切り分ける。

白菜と牛肉のすき煮

淡白な食材はサラダ油で炒めてコクを出して

簡単・手軽

材料(2人分)

白菜 — 2枚(200g)
牛赤身切り落とし肉 — 200g
A だし汁 — 1/3カップ
　 酒、しょうゆ — 各大さじ1
　 砂糖 — 小さじ2
サラダ油 — 小さじ1

作り方

1 白菜は大きめの短冊切り、牛肉は食べやすい大きさに切る。

2 フライパンにサラダ油を熱し、牛肉を入れて炒め、白菜も加えてさっと炒め、Aを加えて中火で煮る。

96

肉のおかず　牛肉

たんぱく質 **18.4**g　塩分 **1.5**g　エネルギー **227**kcal

［白菜と牛肉のすき煮］を
アレンジ

卵でとじれば
どんぶりにしてもOK

白菜と牛肉の
卵とじ煮

牛肉を100g、Aのだし汁を1/2
カップとして、ほかの材料と作り
方は同じ。仕上げに溶き卵2個
分をまわし入れ、ふたをして火を
止め、好みのかたさにとじる。

たんぱく質 **15.5**g

塩分 **1.6**g　エネルギー **214**kcal

たんぱく質 **15.2**g　塩分 **1.4**g　エネルギー **186**kcal

ゆで牛肉とほうれん草のごまだれあえ

〳ヘルシーなのに奥深い味わい〵

材料(2人分)
牛もも薄切り肉(しゃぶしゃぶ用) —— 150g
ほうれん草 —— 1/2束(100g)

A
| 練りごま(白) —— 小さじ2
| 砂糖 —— 大さじ1/2
| しょうゆ —— 大さじ1
| 酢 —— 大さじ1/2
| 粉山椒 —— 少々

作り方

1 鍋に湯を沸かし、牛肉を入れてさっとゆで、水にとり、すぐあげて水けをふき、食べやすく切る。ほうれん草はかためにゆで、水にとり、水けをしぼり、3cm長さに切る。

2 Aでごまだれを作る。ボウルに練りごまと砂糖を入れて混ぜ、しょうゆを少しずつ加えながらさらに混ぜる。酢と粉山椒も入れて合わせたら、**1**を加えて全体をさっくりあえる。器に盛り、好みで粉山椒をふる。

野菜も
たっぷり

カレーうどん

赤身の牛肉を使ってカロリーダウン

材料（2人分）

ゆでうどん ── 2玉
牛赤身切り落とし肉 ── 100g
玉ねぎ ── 1/4個（50g）
サラダ油 ── 小さじ1
A | だし汁 ── 3カップ
　 | しょうゆ、みりん ── 各大さじ2
B | カレー粉 ── 小さじ2
　 | 片栗粉 ── 大さじ2
　 | 水 ── 大さじ4

作り方

1 牛肉は食べやすい大きさに切り、玉ねぎは太めの細切りにする。

2 鍋にサラダ油を熱し、玉ねぎを炒めて牛肉を加え、さっと炒め、Aを入れて煮立てる。混ぜ合わせたBを加えてとろみをつけ、全体を煮立てる。

3 うどんは熱湯に入れてほぐし、ザルにあげて水けをきり、どんぶりに盛って**2**をかける。

ボリュームたっぷり

たんぱく質 **15.3**g ・ 塩分 **3.6**g ・ エネルギー **401**kcal

99

和風ロールキャベツ

さまざまな形、味に変えられるのがひき肉の魅力。鶏ひき肉を使ってだしが香るあっさり味に！

材料（2人分）

キャベツ …… 4枚（240g）
玉ねぎ …… 1/6個弱（30g）
鶏ひき肉 …… 200g
溶き卵 …… 1/2個分
塩、こしょう …… 各少々

A
だし汁 …… 1と1/4カップ
みりん …… 小さじ1
しょうゆ …… 小さじ1/2
塩 …… 小さじ1/5

B
片栗粉 …… 小さじ2
水 …… 小さじ4

Point 鍋はロールキャベツが浮かないよう、すき間なく入る大きさがベスト。

100

たんぱく質 **17.6**g 　塩分 **1.4**g 　エネルギー **240**kcal

作り方

1 キャベツはゆでて芯をそぎ、玉ねぎはみじん切りにする。

2 ボウルにひき肉、溶き卵、塩、こしょうを入れ、粘りが出るまでよく混ぜて①の玉ねぎを加え、さらに混ぜて4等分に分ける。

3 ①のキャベツを広げ、②の1/4量とそいだキャベツの芯1/4量をのせて包み、楊枝でとめる。計4個作る。

4 小さめの鍋にAと③を入れ、ふたをして火にかけ、沸騰したら弱火で約20分煮る。Bを混ぜた水溶き片栗粉でとろみをつけ、ひと煮立ちさせる。

ボリュームたっぷり

なすのひき肉はさみ揚げ

豚ひき肉は牛や鶏より脂が多いので赤身で

材料(2人分)

なす ── 3本(240g)

A
| 豚赤身ひき肉 ── 150g
| しょうゆ ── 小さじ1
| 塩、こしょう ── 各少々
| 長ねぎ(みじん切り) ── 小さじ2

片栗粉、揚げ油、練りからし ── 各適量

作り方

1 Aで肉だねを作る。ボウルにひき肉を入れ、しょうゆ、塩、こしょうを加えてよく混ぜる。粘りが出てきたら長ねぎを加えてさっと混ぜ合わせる。

2 なすはヘタを切り落とし、厚い斜め切りにして、間に肉だねがはさめるように切り目を入れる。切り口に片栗粉をふり、肉だねをはさみ、軽く押さえてなじませ、全体にも薄く片栗粉をまぶす。

3 揚げ油を170度に熱し、2を入れて揚げ、油をきる。器に盛り、練りからしを添える。

たんぱく質 **14.6g** ｜ 塩分 **0.8g** ｜ エネルギー **309**kcal

［ なすのひき肉はさみ揚げ ］ をアレンジ

＼ 豚ひき肉をえびにかえて
カロリーをおさえる ／

なすのえびはさみ揚げ

Aの肉だねをえび10尾（正味150g・
細かくたたいて粘りを出し、塩小さ
じ1/5、こしょう少々を加えてよく
混ぜ、長ねぎのみじん切り小さじ2
をさっと混ぜ合わせる）にかえる。
ほかの材料と作り方は同じ。

たんぱく質 **13.3g**

塩分 **0.8g** ｜ エネルギー **265**kcal

ブロッコリー肉団子の甘酢あんかけ

栄養満点のブロッコリーを包んで

1食分の
たんぱく質
クリア

材料（2人分）

ブロッコリー
　── 1/4株（正味60g）
長ねぎ ── 5cm
豚赤身ひき肉 ── 200g
A｜溶き卵 ── 1/2個分
　｜生パン粉 ── 大さじ1
　｜塩 ── 小さじ1/6
　｜こしょう、ナツメグ
　｜　── 各少々
小麦粉 ── 適量

B｜だし汁 ── 1/4カップ
　｜しょうゆ
　｜　── 小さじ2と1/2
　｜砂糖 ── 小さじ2
　｜酢 ── 小さじ1
C｜片栗粉 ── 小さじ1
　｜水 ── 小さじ2
サラダ油 ── 大さじ1

Point　蒸し焼きにして火を通す。
　　　揚げるより手軽でヘルシー。

(たんぱく質 **21.9**g) (塩分 **1.8**g) (エネルギー **280**kcal)

<u>作り方</u>

1 ブロッコリーは小房に分けてゆで、ザルにあげて冷ます。長ねぎはみじん切りにする。

2 ボウルにひき肉とAを入れ、粘りが出るまでよく混ぜ、**1**の長ねぎを加えて混ぜる。6等分に分け、ブロッコリーを包むように丸めて小麦粉を全体に薄くまぶす。

3 フライパンにサラダ油を熱し、**2**を入れて中火で転がしながら焼く。きつね色になったらふたをし、弱火で4〜5分蒸し焼きにして取り出す。

4 フライパンに残った油を捨て、Bを入れて煮立てる。Cを混ぜた水溶き片栗粉を加えてとろみをつけ、ひと煮立ちさせてあんを作る。**3**を半分に切って盛り、あんをかける。

105

たんぱく質 **18.3**g 　塩分 **1.8**g 　エネルギー **265**kcal

肉団子と小松菜の煮もの

牛と豚のいいとこどり
合いびき肉で汁も美味！

野菜もたっぷり

材料(2人分)

合いびき肉 —— 200g
塩 —— 小さじ1/5
こしょう —— 少々
長ねぎ —— 3cm(10g)
小松菜 —— 1束(200g)
溶き卵 —— 1/4個分
サラダ油 —— 小さじ1

A
┌ だし汁 —— 3/4カップ
│ 酒 —— 大さじ1
│ しょうゆ —— 小さじ2
└ 砂糖 —— 小さじ1

作り方

1 長ねぎはみじん切り、小松菜は3cm長さに切る。

2 ボウルにひき肉、塩、こしょうを入れ、粘りが出るまで混ぜ、溶き卵と1の長ねぎを加えて混ぜ合わせ、6等分にし、平たい小さな団子にする。

3 フライパンにサラダ油を熱し、2を入れ、両面に焼き色がついたら、1の小松菜とAを加えてふたをし、沸騰したら弱火で10分煮る。

106

つくね焼き

口あたりがやわらかくてふっくら！
幅広い年代に愛されるおかず

材料（2人分）

鶏ひき肉 —— 200g
塩 —— 小さじ1/6
こしょう —— 少々
A｜溶き卵 —— 1/4個分
　｜ごま油 —— 小さじ1/2
B｜玉ねぎ（みじん切り）
　｜—— 大さじ3（30g）
　｜コーン（冷凍・解凍する）
　｜—— 1/3カップ（50g）
　｜片栗粉 —— 小さじ1と1/2
サラダ油 —— 小さじ1
C｜しょうゆ —— 小さじ2
　｜みりん —— 小さじ1

作り方

1 小さめのボウルにBを入れ、混ぜ合わせる。

2 別のボウルにひき肉を入れ、塩、こしょうをふり、粘りが出るまでよく混ぜ、Aを加え、さらに混ぜ、1を加えて混ぜ合わせる。6等分して小判形に成形する。

3 フライパンにサラダ油を熱して2を並べ入れ、ふたをして中火から弱火で3分焼く。ひっくり返して同様に焼き、両面に焼き色をつける。Cを混ぜ合わせて加え、からめる。

たんぱく質16.4g ｜ 塩分1.5g ｜ エネルギー254kcal

油揚げのひき肉詰め焼き

1食分の
たんぱく質
クリア

材料（2人分）

豚赤身ひき肉 —— 150g
油揚げ —— 2枚（60g）
長ねぎ —— 4cm（10g強）
春菊 —— 1/2束弱（80g）

A┃酒 —— 小さじ2
　┃しょうゆ —— 小さじ1
ポン酢しょうゆ —— 適量

作り方

1　油揚げは半分に切って口を開き、袋状にする。長ねぎはみじん切りにし、春菊は1cmくらいに切る。

2　ひき肉にAを混ぜ、1のねぎ、春菊を加えて混ぜ合わせ、4等分にして油揚げに詰め、平らにする。

3　フライパンに2を並べ、中火にかけてふたをし、4分ほど焼き、ひっくり返して同様に焼く。焼き色がついたら切り分けて器に盛り、ポン酢しょうゆを添える。

たんぱく質 **21.7**g 　塩分 **1.3**g 　エネルギー **240**kcal

［油揚げのひき肉詰め焼き］をアレンジ

＼ 春菊をチーズにかえて ／
　たんぱく質量アップ

油揚げのひき肉チーズ詰め焼き

春菊のかわりにスライスチーズ4枚にして、ひき肉とねぎを混ぜた肉だねといっしょに油揚げに詰める。ほかの材料と作り方は同じ。

たんぱく質 **27.9**g

塩分 **2.1**g 　エネルギー **332**kcal

和風ハンバーグ

動物性＋植物性たんぱく質でヘルシーに

カロリー控えめ

材料（2人分）

合いびき肉 ── 150g

A 塩 ── 小さじ1/4
こしょう、ナツメグ ── 各少々

溶き卵 ── 1/4個分

木綿豆腐 ── 1/2丁（150g）

玉ねぎ ── 1/6個弱（30g）

バター ── 小さじ1

オリーブ油 ── 小さじ1

B しょうゆ ── 小さじ2
酢、みりん ── 各小さじ1

大根（すりおろして水けをきる） ── 1cm（60g）

Point

ひき肉とほかの材料を混ぜる時は、
焼き上がりがまだらにならないよう、
白いところが残らないくらいに
しっかり混ぜ合わせる。

たんぱく質 **18.2**g　塩分 **1.8**g　エネルギー **271**kcal

作り方

1 豆腐はペーパータオルに包み、皿やまな板など重しをして15分くらいおき、水きりする。玉ねぎはみじん切りにし、耐熱皿に入れてバターをのせ、ラップをかけずに電子レンジで50秒加熱し、混ぜ合わせて冷ます。

2 ボウルにひき肉とAを入れ、粘りが出るまで混ぜ、溶き卵と**1**の豆腐を加え、さらによく混ぜ、**1**の玉ねぎも加えて混ぜる。半分に分け、空気を抜くように小判形に成形する。

3 フライパンにオリーブ油を熱して**2**を入れ、ふたをして中火で2分ほど焼き、弱火にしてさらに3分焼き、ひっくり返して裏面も同様に焼いて器に盛る。

4 フライパンをさっとふき、Bを入れ、ひと煮立ちさせてたれをつくる。**3**に大根おろしをのせ、たれをかける。

材料(2人分)

にら ── 1束(100g)

キャベツ ── 4枚

A
- 鶏ひき肉 ── 300g
- 塩 ── 小さじ1/4
- こしょう…… 少々
- 溶き卵 ── 1/2個分

B
- ごま油 ── 小さじ1
- 片栗粉 ── 大さじ1

C
- だし汁 ── 3と1/2カップ
- 酒 ── 大さじ1
- しょうゆ ── 小さじ2
- 塩 ── 小さじ1/4

| たんぱく質 **25.8**g | 塩分 **2.3**g | エネルギー **354**kcal |

作り方

1 にらは5mm長さに切り、キャベツは大きめに手で
ちぎる。

2 ボウルにAを入れ、粘りが出るまでよく混ぜる。
さらに**1**のにらとBを加えてさっと混ぜ合わせる。

3 鍋にCを入れて煮立て、**2**を12等分くらいに丸
めて加える。ふたをし、沸騰したら弱火にして7〜
8分煮、**1**のキャベツも加えて煮る。

Point にらを入れたら必要以上にこねず、
風味と栄養を閉じ込める。

たんぱく質 9.7g　塩分 0.9g　エネルギー 197kcal

里いもの肉みそ煮

いも類のなかでは低カロリーの
里いもと鶏ひき肉を合わせて

カロリー
控えめ ⬇

材料（2人分）
里いも —— 5個（300g）
鶏ひき肉 —— 100g
A｜だし汁 —— 3/4カップ
　｜酒、みそ —— 各大さじ1
　｜砂糖 —— 小さじ1
ごま油 —— 小さじ1

作り方
1 里いもは皮をむき、ひと口
大に切ってボウルに入れ、塩
適量（分量外）を加えて表面を
こすり、ぬめりを洗い流す。

2 鍋にごま油を熱し、1を炒
め、ひき肉を加えてさらに炒め
る。Aを加えて混ぜ、ふたをし
て沸騰したら弱火にして12〜
15分煮る。

ピーマンの
ひき肉詰め

しょうゆの風味がポイント
冷めてもおいしい

材料(2人分)

- 合いびき肉 ── 150g
- 玉ねぎ ── 1/6個弱(30g)
- ピーマン ── 3個(90g)
- バター ── 小さじ1
- 塩 ── 小さじ1/6
- こしょう ── 少々
- 溶き卵 ── 1/2個分
- サラダ油 ── 小さじ1
- A
  - トマトケチャップ ── 大さじ1と1/2
  - しょうゆ ── 大さじ1/2

作り方

1 玉ねぎはみじん切りにする。ピーマンは縦半分に切って種を除く。

2 フライパンにバターを溶かして①の玉ねぎを炒め、ひき肉も加えて炒め合わせ、塩、こしょうをふり、ボウルに取り出して溶き卵を混ぜる。

3 ①のピーマンに6等分にした②を詰める。フライパンにサラダ油を熱し、肉の面を下にして入れ、ふたをして中火から弱火で3分ほど焼く。ひっくり返してさらに3分ほど焼く。器に盛り、Aを混ぜ合わせてかける。

たんぱく質 **14.2g** ｜ 塩分 **1.7g** ｜ エネルギー **233**kcal

鶏のひき肉を使うと牛、豚より
ヘルシー＆あっさりやさしい味に

そぼろ

材料（作りやすい分量）

A [
鶏ひき肉 …… 200g
酒 …… 大さじ1
しょうゆ …… 小さじ4
砂糖 …… 小さじ1と1/2
]
しょうが汁 …… 小さじ1/2

作り方

1 小さめのフライパンにA
を入れて混ぜ合わせ、中火
にかけ、菜箸数本でポロポ
ロになるまで混ぜながら、汁
けがなくなるまで煮る。

2 仕上げにしょうが汁を加
え、混ぜ合わせる。

作りおき
OK

\ 卵をプラスして /
たんぱく質量アップ

二色丼（2人分）

卵2個（割りほぐし、砂糖小さじ1と
1/2、塩少々を混ぜ合わせる）をフッ
素樹脂加工の小さめのフライパン
に入れ、菜箸数本で混ぜながら炒
り卵を作る。ご飯どんぶり2杯分
の上にそれぞれ鶏そぼろ適量（作
り方上記）と盛り合わせる。

たんぱく質 **17.3g**

塩分 **1.4g**　エネルギー **491**kcal

［そぼろ］をアレンジ

全量で

| たんぱく質 **30.7**g | 塩分 **3.7**g | エネルギー **395**kcal |

買ってすぐ食べられる コンビニ食品で たんぱく質補給!

今日はたんぱく質が足りないかもと思った時には、コンビニで買ってパクッとそのまま食べられる食品を有効利用。まずは食品に表示されている栄養成分を見て、糖質、脂質少なめ、たんぱく質多めかどうかをチェック! おいしく、飽きずにそして楽しみながら1日3食、しっかりたんぱく質をとりましょう。

こだわりたまごのサンドイッチ

たんぱく質 **11.4**g

ツナと玉子のサラダ

たんぱく質 **7.4**g

から揚げ

たんぱく質 **14.1**g

サラダチキン

たんぱく質 **21.7**g
（115g入り1袋）

豆腐バー・カニカマバー

たんぱく質 **10.0**g

焼き鳥

たんぱく質 **11.2**g（たれ）
　　　　 10.2g（塩）

おでん

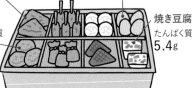

木綿厚揚げ
たんぱく質 **5.7〜7.3**g

卵
たんぱく質 **6.4**g

つみれ
たんぱく質 **6.8**g

焼き豆腐
たんぱく質 **5.4**g

※セブン–イレブン店頭商品より：2022年10月編集調べ

PART 3

高たんぱく、低脂肪の
強い味方

魚介類のおかず

鮭の鍋照り焼き

材料(2人分)

生鮭 —— 2切れ(200g)
塩 —— 少々
小麦粉 —— 適量
サラダ油 —— 小さじ1
A ┌ 酒 —— 小さじ1
  │ しょうゆ、みりん
  └ —— 各小さじ2

簡単・手軽

作り方

1 鮭は塩をふり、5分くらいおいて水けをふき取り、小麦粉を全体に薄くまぶす。

2 フライパンまたは鍋にサラダ油を熱し、1を盛る際に上にする側を下にして入れ、中火から弱火で4分焼く。ひっくり返して裏面も同様に焼く。

3 火を止め、混ぜ合わせたAを加えて余熱で鮭にからめる。

Point ひっくり返すのは一度だけ。じっくりと両面を焼く。

魚介類のおかず

鮭

たんぱく質 **17.4**g 　塩分 **1.2**g 　エネルギー **238**kcal

鮭のから揚げ野菜あんかけ

野菜も
たっぷり

材料(2人分)

生鮭 ── 2切れ(200g)

塩、こしょう ── 各少々

片栗粉 ── 適量

揚げ油 ── 適量

にんじん ── 1〜2cm (20g)

えのきだけ ── 1/2パック(100g)

三つ葉 ── 4本(5g)

A │ だし汁 ── 3/4カップ
  │ しょうゆ、みりん ── 各小さじ1
  │ 塩 ── 少々

B │ 片栗粉 ── 小さじ1と1/2
  │ 水 ── 小さじ3

| たんぱく質 **18.0**g | 塩分 **1.1**g | エネルギー **280**kcal |

作り方

1 鮭は2〜3等分に切り、塩、こしょうをふって片栗粉を薄くまぶし、170度に熱した揚げ油でからりと揚げる。油をきり、器に盛る。

2 にんじんは千切りにし、えのきだけは根元を切り落として長さを半分に切り、三つ葉は3cm長さに切る。

3 鍋にAを煮立て、**2**のにんじん、えのきだけを入れて煮、Bを混ぜた水溶き片栗粉でとろみをつける。三つ葉を加え、**1**にかける。

Point 鮭は片栗粉をまぶし、サクッとした軽い食感に仕上げる。野菜あんともからみやすい。

123

ぶりは美肌や美髪効果、肥満予防、脳を活性化させる働きもある優秀魚

材料（2人分）

長ねぎ —— 1本（100g）
ぶり（切り身）
　　—— 2切れ（200g）
塩 —— 小さじ1/5

オリーブ油 —— 小さじ2
A｜酢、しょうゆ
　　各小さじ2
　　七味唐辛子 —— 少々

作り方

1　長ねぎは斜め切りにする。ぶりはひと口大に切って塩をふる。

2　フライパンを熱し、オリーブ油を入れて1のぶりを水けをふいて入れ、両面をじっくり焼いて火を通す。長ねぎを加えてさらに炒め、Aを加えて炒め合わせる。

| たんぱく質 **19.4**g | 塩分 **1.6**g | エネルギー **281**kcal |

［長ねぎとぶりの七味炒め］を
アレンジ

鶏肉もぶりと同じく
じっくり焼いて

**長ねぎと鶏肉の
七味炒め**

ぶりのかわりに鶏もも肉1枚
（250g・ひと口大の薄切り）
にする。ほかの材料と作り
方は同じ。

| たんぱく質 **22.0**g |
| 塩分 **1.6**g | エネルギー **297**kcal |

たんぱく質 **20.1g** ｜ 塩分 **2.1g** ｜ エネルギー **303kcal**

ぶり大根

旬の魚と野菜で免疫力アップ！冬の最強コンビ

1食分の
たんぱく質
クリア◆◆

材料(2人分)

ぶり —— 2切れ(200g)
大根 —— 1/3本(400g)

A
- しょうが(千切り) —— 1かけ
- 酒 —— 大さじ3
- しょうゆ —— 大さじ1と1/2
- 砂糖 —— 大さじ1

水 —— 1カップ

作り方

1 ぶりはひと口大に切り、ザルにのせて熱湯をかける。

2 大根は皮をむき、大きめの乱切りにして鍋に入れ、かぶるくらいの水(分量外)を入れて火にかけ、沸騰したら弱火にして10分ゆでて取り出す。

3 鍋にAを入れて煮立て、**1**を入れ、アルミ箔で落としぶたをし、中火から弱火で7〜8分煮て取り出す。

4 **3**の鍋に**2**と水を加え、ふたをして沸騰させ、弱火で10分煮る。ぶりを戻し入れ、さらに5分ほど煮る。器に盛り、あればゆずの皮の千切りをのせる。

ぶりの照り焼き

油を使わずグリルで焼いてヘルシーに

カロリー
控えめ↓

材料(2人分)

ぶり —— 2切れ(200g)
塩 —— 少々
A｜しょうゆ —— 大さじ1
　｜みりん —— 小さじ2

作り方

1 ぶりは塩をふり、5分くらいおいて水けをふき、Aを混ぜ合わせた漬け汁に30分ほど漬ける。

2 グリルに**1**を汁けをきってのせ、残っている漬け汁を塗りながら8分ほど焼く。

たんぱく質 19.2g　塩分 1.7g　エネルギー 244kcal

いわしの梅煮

健康寿命を延ばすために欠かせない
青魚をさっぱり味で

1食分の
たんぱく質
クリア

材料（2人分）

いわし —— 4尾（400g）
しょうがの薄切り —— 2枚
梅干し —— 大1個（12g）

A ｜ 水 —— 1と1/2カップ
　｜ 酒 —— 大さじ3
　｜ しょうゆ —— 大さじ1
　｜ 砂糖 —— 大さじ1/2

作り方

1 いわしはウロコを包丁でこそげとり、頭を切り落として内臓を除き、よく洗って水けをふき取る。しょうがは千切りにする。

2 鍋にAと1のしょうが、梅干しをちぎって入れて火にかけ、沸騰したらいわしを入れ、中火から弱火にしてアルミ箔で落としぶたをして10分ほど煮る。

たんぱく質 **21.8g**　塩分 **1.9g**　エネルギー **233kcal**

Point

アルミ箔を鍋の口径くらいにし、
中央に穴をあけると手軽な落としぶたに。
落としぶたで煮汁が全体にいきわたって
味がしみ込み、魚の生臭さも逃す。

129

いわしのしそ巻き揚げ

青魚が苦手でもこれならいける！

<u>材料</u>（作りやすい分量）

いわし（開いたもの）…… 3尾（300g）

A ┌ しょうゆ …… 小さじ1
　└ しょうが汁 …… 小さじ1/2

青じそ …… 9枚

B ┌ 小麦粉、水 …… 各大さじ3

揚げ油 …… 適量

（たんぱく質 **16.2**g）（塩分 **0.6**g）（エネルギー **333**kcal）

作り方

1 いわしはさっと洗って水けをふき取り、縦半分に切る。Aを混ぜてからめ、下味をつける。

2 ①の身のほうに、青じそを縦半分に切ってずらして3枚のせ、端から巻いて楊枝でとめる。同様に計6個作る。

3 ボウルにBを混ぜ合わせて衣を作り、②をくぐらせて170度に熱した揚げ油で揚げ、油をきる。

Point　いわしは、フライ用など開いてあるものを使うと便利。丸ごとの場合は手開きする。

さばの南蛮漬け

作りおきOK

材料(2人分)

さば ── 2切れ(160g)
塩 ── 小さじ1/6
片栗粉 ── 適量
揚げ油 ── 適量
玉ねぎ ── 1/4個(50g)
しょうが ── 1/2かけ

A
だし汁 ── 1/2カップ
砂糖、しょうゆ ── 各大さじ1/2
酢 ── 大さじ1と1/2

赤唐辛子 ── 1/2本

作り方

1 鍋にAを入れてひと煮立ちさせるか、または耐熱ボウルに入れ、電子レンジで1分加熱し、赤唐辛子を加え、南蛮液を作る。

2 玉ねぎ、しょうがは千切りにする。

3 さばは2cmのそぎ切りにして塩をふり、片栗粉を薄くまぶす。揚げ油を170度に熱して入れ、からりと揚げて熱いうちに1に入れ、2も加えて15分ほど漬ける。

たんぱく質 **14.7**g　塩分 **1.2**g　エネルギー **235**kcal

[さばの南蛮漬け]を
アレンジ

＼ あじ、さわら、かじき、
たらなど好みの魚で ／

あじの
南蛮漬け

さばのかわりにあじ2尾
（300g・ぜいごをとり、頭を
切り落とし、内臓を除いて洗
い、2〜3等分に切る）にす
る。ほかの材料と作り方は
同じ。

たんぱく質 **15.6**g

塩分 **1.2**g　エネルギー **173**kcal

さばのみそ煮

フライパンで煮るだけで作れる
おふくろの味、魚バージョン

ボリュームたっぷり

材料(2人分)

さば —— 2切れ(160g)
しょうが —— 1かけ
赤唐辛子 —— 1/2本
長ねぎ —— 10㎝(約30g)

A
水 —— 3/4カップ
酒 —— 大さじ3
みそ —— 大さじ1と1/2
砂糖 —— 小さじ2

作り方

1 さばは皮目に切り目を入れ、ザルにのせ、熱湯を表裏にかける。しょうがは薄切り、赤唐辛子は斜め切り、長ねぎは4等分に切る。

2 フライパンにAを混ぜ入れて煮立て、①を加え、アルミ箔で落としぶたをし、中火から弱火で10分ほど煮る。

| たんぱく質 **16.0**g | 塩分 **1.9**g | エネルギー **236**kcal |

Point　身の厚い部分に斜めや十文字に切り込みを
入れることで火が通りやすくなる。

135

あじフライ

フライには胃の負担を減らすキャベツをたっぷりと

野菜も
たっぷり

材料(2人分)

あじ ── 2尾(300g)
塩、こしょう ── 各少々
小麦粉 ── 適量
溶き卵 ── 1/3個分
生パン粉 ── 適量
揚げ油 ── 適量

A ┌ 青じそ(粗みじん切り) ── 4枚
  │ マヨネーズ ── 大さじ1と1/2
  └ みそ ── 小さじ1/2

キャベツの千切り ── 2枚(120g)分

たんぱく質**18.2**g 塩分**1**g エネルギー**350**kcal

作り方

1 あじは三枚におろし、塩、こしょうをふって小麦粉を全体にまぶし、溶き卵をからめてパン粉をつけ、軽く押さえる。

2 揚げ油を170度に熱し、1をきつね色にからりと揚げ、油をきり、器に盛る。

3 Aを混ぜ合わせ、2に添え、キャベツを盛り合わせる。

Point うっすらきつね色になったらOK。
揚げすぎると身がかたくなるので
余熱も考えて引き上げる。

| たんぱく質 **19.1**g | 塩分 **1.4**g | エネルギー **191**kcal |

さわらの西京漬け

冷凍しておけば日持ちする便利なみそ漬け

材料（2人分）

さわら ─── 2切れ（200g）
塩 ─── 小さじ1/6
A｜西京みそ ─── 大さじ2
　｜みりん ─── 小さじ1

作り方

1 さわらは塩をふり、5分ほどおき、水けをペーパータオルなどで押さえてふき取る。

2 Aを混ぜ合わせてラップに半量ずつ塗り、1を包んで冷蔵庫で一晩おく。

3 1のみそを軽くぬぐい、グリルで焼く。

カロリー控えめ ↓

さわらの煮つけ

ミネラル豊富なわかめをつけ合わせて

材料(2人分)

さわら —— 2切れ(200g)
しょうが —— 1かけ
わかめ(塩蔵) —— 20g
A ┌ 水 —— 1カップ
　│ 酒、みりん —— 各大さじ2
　└ しょうゆ —— 大さじ1

作り方

1 しょうがは太めの千切りにし、わかめは塩を洗い流してかために戻し、ひと口大に切る。

2 鍋にAを煮立て、**1**のしょうがとさわらを入れ、アルミ箔で落としぶたをして中火から弱火で7〜8分煮る。空いているところにわかめを入れ、さらに2分くらい煮る。

カロリー控えめ

たんぱく質 **18.7**g ｜ 塩分 **1.3**g ｜ エネルギー **209**kcal

かじきとしし唐、トマトのしょうゆ炒め

身くずれしにくいかじきで彩り炒め

材料(2人分)

かじき —— 2切れ(200g)
塩、こしょう —— 各少々
しし唐辛子
　　—— 10本(60g)
トマト —— 1個(160g)
しょうが —— 1かけ
赤唐辛子 —— 1/2本
しょうゆ —— 小さじ2
オリーブ油 —— 小さじ2

作り方

1 かじきは4～5つのそぎ切りにして塩、こしょうをふる。

2 しし唐辛子はヘタを切り、トマトは乱切りにする。しょうがはみじん切り、赤唐辛子は輪切りにする。

3 フライパンにオリーブ油を熱し、1のかじきを焼き色がつくように焼き、2のしょうが、赤唐辛子、しし唐辛子、トマトを加えて炒め、しょうゆをまわし入れ、炒め合わせる。

魚介類のおかず　かじき

たんぱく質 **16.4g**　塩分 **1.3g**　エネルギー **204kcal**

［かじきとしし唐、トマトのしょうゆ炒め］をアレンジ

＼仕上げにチーズで
たんぱく質量アップ／

かじきとしし唐、トマトのしょうゆ炒めチーズ蒸し

最後にピザ用チーズ40gを
全体に散らし、ふたをして
チーズが溶けるまで弱火で
蒸し焼きにする。ほかの材
料と作り方は同じ。

たんぱく質 **21.6g**

塩分 **1.7g**　エネルギー **275kcal**

なすとかじきの青じそしょうゆ炒め

栄養価の高いにんにくと青じそを加えてスタミナアップ

ボリュームたっぷり

材料（2人分）

なす —— 2本（160g）
かじき（切り身）—— 2切れ（200g）
塩、こしょう —— 各少々
青じそ —— 8枚
にんにくの薄切り —— 2枚
オリーブ油 —— 大さじ1
A｜しょうゆ —— 大さじ1
　｜みりん —— 小さじ1

Point　なすは油を吸っても、そのままじっくり
焼いていると余分な油と水分が出てくるので、
油を足さないこと。

142

たんぱく質 **16.5**g ｜ 塩分 **1.7**g ｜ エネルギー **224**kcal

作り方

1 なすはヘタを切り落とし、縦半分に切り、斜めに数カ所切り目を入れながら斜め切りにする。かじきはひと口大に切り、塩、こしょうをふる。青じそは細かくちぎる。

2 フライパンにオリーブ油大さじ2/3を熱し、**1**のなすを入れてじっくり焼き、火が通ったら取り出す。

3 **2**のフライパンに残りのオリーブ油とにんにくを入れて熱し、かじきを入れ、両面焼いて火を通す。**2**のなすを戻し入れ、Aを加えて炒め合わせ、青じそを最後に加え、さっと炒める。

143

かじきの梅マヨ焼き

カロリー控えめ

材料（2人分）

かじき …… 2切れ（200g）

しょうゆ …… 小さじ1

A
梅干し（種を除き、粗くたたく）
…… 1個
プレーンヨーグルト …… 大さじ2
マヨネーズ …… 大さじ1

作り方

1 かじきは半分に切り、しょうゆで下味をつける。アルミ箔を器のように形作ってのせ、Aを混ぜ合わせてかける。

2 オーブントースターで13分ほど焼く。

魚介類のおかず　かじき

たんぱく質 **16.1**g ｜ 塩分 **1.5**g ｜ エネルギー **191**kcal

Point　オーブントースターは上下ヒータータイプを使う。
または220度に予熱したオーブン、
魚焼きグリルでもOK。

しめじとさんまの酢しょうゆ煮

さんまの良質な脂をとるには煮るのがベスト

ボリュームたっぷり

材料(2人分)

しめじ ── 1パック(100g)
さんま ── 2尾(300g)
しょうが ── 1かけ

A
水 ── 3/4カップ
酒、酢 ── 各大さじ2
しょうゆ ── 大さじ1
砂糖 ── 大さじ1/2

作り方

1. さんまは頭を落として3等分に切り、内臓を除き、よく洗って水けをふく。しめじは石づきを切り落とし、小房に分け、しょうがは千切りにする。

2. 鍋にAを煮立て、1のさんま、しょうがを入れ、アルミ箔で落としぶたをして中火から弱火で10分煮たら、しめじを加えてさらに5分ほど煮る。

魚介類のおかず さんま

たんぱく質 **16.9**g ｜ 塩分 **1.7**g ｜ エネルギー **325**kcal

「しめじとさんまの酢しょうゆ煮」をアレンジ

あじにかえて
カロリーダウン

**しめじとあじの
酢しょうゆ煮**

さんまのかわりにあじ2尾（300g・ぜいごをとり、頭を落として内臓を除き、半分に切る）にする。ほかの材料と作り方は同じ。

たんぱく質 **16.5**g
塩分 **1.6**g ｜ エネルギー **153**kcal

まぐろの漬け丼

脂分が少なくたんぱく質豊富な赤身で

材料(2人分)

まぐろ(赤身・刺身用・さく) ── 200g

A
| しょうゆ ── 大さじ1
| すりごま(白) ── 大さじ1/2
| ごま油 ── 小さじ1/2

温かいご飯 ── どんぶり2杯分(400g)

B
| 酢 ── 小さじ4
| 砂糖 ── 小さじ1
| 塩 ── 小さじ1/3

万能ねぎ(小口切り) ── 適量

| たんぱく質 27.4g | 塩分 2.4g | エネルギー 469kcal |

作り方

1 まぐろは薄切りにし、Aを混ぜ合わせた液に漬けて10分ほどおく。

2 ボウルにご飯を入れ、Bをよく混ぜ合わせて加え、ざっくり混ぜて冷ます。

3 器に②を盛り、①をのせ、万能ねぎをのせる。

Point

まぐろの刺身は包丁の刃元を刺身にあてて手前に引くように一度にスーッと切る。
熱々のご飯にのせると、まぐろが変色し、味も悪くなる。酢飯をひと肌程度に冷ましてからのせる。

| たんぱく質 **17.2g** | 塩分 **1g** | エネルギー **130**kcal |

まぐろの角煮

魚で作る体にやさしい常備菜

作りおき OK

材料(2人分)

まぐろ(赤身・さく) ── 150g
しょうが ── 1かけ
A | 酒 ── 大さじ4
　| しょうゆ ── 小さじ2
　| 砂糖 ── 小さじ1

作り方

1 まぐろは角切りにし、湯を沸かした鍋に入れ、表面が白くなったらザルにあげる。しょうがは千切りにする。

2 鍋にAを入れて煮立て、1を入れ、アルミ箔で落としぶたをして中火にかけ、沸騰したら弱火で10分煮、ふたを取り、中火にして煮汁をとばしながらからめる。

まぐろのオクラたたきかけ

たんぱく質の吸収を助けるオクラと合わせて

材料（2人分）

オクラ —— 8〜10本（100g）
塩 —— 少々
まぐろ（赤身・刺身用・さく）—— 150g
A | しょうゆ —— 小さじ2
　 | 練りわさび —— 少々

作り方

1 オクラはガクをむき、塩（分量外）で表面をこすってさっとゆで、ザルにあげて冷まし、細かくたたいて塩を混ぜ合わせる。まぐろは角切りにする。

2 1のまぐろとAを混ぜ合わせて器に盛り、1のオクラたたきをかける。

カロリー控えめ

たんぱく質 **17.7**g　　塩分 **1.2**g　　エネルギー **102**kcal

水菜と刺身のカルパッチョ

レモンとわさび風味がさわやか。おもてなしにも

カロリー控えめ

材料（2人分）

水菜 ── 1/3束強（60g）
鯛（刺身用）── 150g

A
サラダ油 ── 小さじ1と1/2
レモン汁 ── 小さじ1
練りわさび ── 小さじ1/5
塩 ── 小さじ1/4

作り方

1 水菜は3cm長さに切る。

2 器に1を敷き、鯛の刺身を並べ、Aをよく混ぜ合わせて全体にかける。

たんぱく質 **14.0**g ｜ 塩分 **1.0**g ｜ エネルギー **133**kcal

〔水菜と刺身のカルパッチョ〕をアレンジ

\ 鯛をまぐろ、さらに納豆で
たんぱく質量アップ /

水菜とまぐろの
カルパッチョ納豆かけ

鯛のかわりにまぐろ（赤身・刺身用）にし、Aの味つけを〔長ねぎ（みじん切り）小さじ1/2、納豆（粗くたたく）1パック、しょうゆ大さじ1弱、酢小さじ1〕にかえる。ほかの材料と作り方は同じ。

たんぱく質 **20.8**g

塩分 **1.4**g ｜ エネルギー **168**kcal

えびとかぶの和風みそグラタン

1食分の
たんぱく質
クリア

材料（2人分）

えび —— 10尾（200g）
こしょう —— 少々
玉ねぎ —— 1/4個（50g）
かぶ —— 3個（240g）
バター —— 大さじ1

小麦粉 —— 大さじ2と1/2
牛乳 —— 1と1/2カップ
A ┃ みそ —— 大さじ1
　 ┃ こしょう —— 少々
粉チーズ —— 大さじ1

Point えびは加熱しすぎるとかたくなり、かぶは電子
レンジ加熱しているので、さっと炒めればよい。

154

たんぱく質 **21.6g**　塩分 **2.1g**　エネルギー **304kcal**

作り方

1 えびは殻をむいて背ワタを除き、こしょうをふる。玉ねぎは薄切りにする。かぶは皮をむいてくし形切りにし、ラップをして電子レンジで4分加熱する。

2 フライパンにバターを溶かし、**1**の玉ねぎをしんなりするまで炒め、えびとかぶを加えてさっと炒める。小麦粉を加えてさらに炒め、牛乳も入れて混ぜ、煮立ててAで味をととのえる。

3 耐熱皿に**2**を入れ、チーズを全体にふりかけ、220度に予熱したオーブンで12分ほど焼く。

えびの黄身焼き

えびは低脂肪なのも◎

カロリー控えめ

材料(2人分)

えび ── 6尾(150g)

塩 ── 少々

A 酒 ── 小さじ1
   しょうゆ ── 小さじ1/2

B 卵黄 ── 1個
   みりん ── 小さじ1/2

作り方

1 えびは殻ごと背開きにして身に塩をふり、Aをからめる。

2 Bを混ぜ合わせ、えびの身に塗り、オーブントースターまたは220度に予熱したオーブンで8分ほど焼く。

魚介類のおかず えび

たんぱく質 **11.2**g　塩分 **0.8**g　エネルギー **90**kcal

Point　焼いている途中でBを塗り足すと一層
照りのある焼き上がりになる。

いかと里いも煮もの

カロリー
控えめ ↓

材料（2人分）

いか ── 1ぱい（250g）

里いも ── 5〜6個（300g）

A ┃ 酒 ── 大さじ2
　 ┃ しょうゆ ── 小さじ4
　 ┃ 砂糖 ── 大さじ1

だし汁 ── 3/4カップ

Point　いかは皮つきのままだと
　　　　こっくりした味わいになり、色も入る。
　　　　皮をむくとあっさり、白色。

158

たんぱく質 **14.2**g ｜ 塩分 **2.3**g ｜ エネルギー **180**kcal

作り方

1 いかは足を抜き、内臓を除いて洗い、胴は輪切りにする。足は吸盤を切り落とし、食べやすい長さに切る。

2 里いもは皮をむいてひと口大に切って鍋に入れ、かぶるくらいの水を入れて火にかける。沸騰したら弱火で3分ほどゆでて水を流しながらぬめりを洗い流す。

3 鍋にAを沸騰させ、**1**を入れて混ぜながら煮て取り出す。同じ鍋にだし汁と**2**を加え、ふたをして沸騰したら弱火にして15分ほど煮、いかを戻し入れてひと煮立ちさせる。

たんぱく質 **14.0g**　塩分 **1.4g**　エネルギー **134kcal**

春菊といかの和風サラダ

緑黄色野菜では上位の栄養を誇る春菊と

材料(2人分)

春菊 —— 1/2束(100g)
いか —— 1ぱい(250g)

A ┃ 練りごま、しょうゆ —— 各小さじ2
┃ 酢 —— 小さじ1と1/2
┃ ごま油 —— 小さじ1

七味唐辛子(好みで) —— 少々

作り方

1 いかは足を抜き、内臓を除いて洗い、さっとゆでて冷ます。胴は輪切りにする。足は吸盤を切り落とし、食べやすい大きさに切る。春菊は葉を摘み、食べやすい長さに切る。

2 器に1を盛り、Aをよく混ぜ合わせたドレッシングをかけて好みで七味唐辛子をふる。

野菜も
たっぷり

いかのしょうがバター焼き

いい香り！ 脂質は少なめ、酒の肴にも

材料（2人分）

いか …… 大1ぱい（300g）

A │ しょうが（すりおろす）…… 1/2かけ
　 │ 酒、しょうゆ …… 各小さじ1

バター …… 小さじ2

作り方

1 いかは足を抜き、内臓を除いて洗い、水けをふき、皮をむいて開く。表面に格子に切り目を入れてひと口大に切る。足は吸盤を切り落とし、食べやすい長さに切る。

2 フライパンにバターを溶かし、1を入れて焼き、Aを混ぜ合わせて加え、炒め合わせる。

カロリー控えめ ↓

たんぱく質 14.3g　塩分 1.1g　エネルギー 114kcal

気になる
たんぱく質量多めの
優秀食材

ふだんのおかずに取り入れやすく、たんぱく質量の多い
食材を、1食20gをクリアするために必要な量とともにリ
ストアップしました。献立を考える時の参考に！

食材名	100g あたりの たんぱく質量	20gたんぱく質 をとるのに 必要な量
鶏むね肉（皮なし）	19.2g	104g
鶏ささ身	19.7g	102g（1枚 約50g）
鶏もも肉 （皮付き）	17.0g	118g
豚ロース肉	17.2g	116g
豚もも肉 （皮下脂肪なし）	18.0g	111g
豚ヒレ肉	18.5g	108g
牛もも肉 （皮下脂肪なし）	17.2g	116g
かつお（春獲れ）	20.6g	97g
生鮭	17.3g	116g （切り身1枚 約100g）
ぶり	18.6g	108g （切り身1枚 約100g）
めかじき	15.2g	132g （切り身1枚 約100g）
くろまぐろ（赤身）	22.3g	90g
鯛	17.8g	112g
えび （バナエイえび）	16.5g	121g
さば缶（水煮）	17.4g	115g（1缶190g）

PART 4

その他のおかず

豆腐などの大豆加工品、魚介加工品、卵、チーズなどたんぱく質豊富な

大豆加工品＝植物性たんぱく質の
代表選手、豆腐を使って安定の味

肉豆腐

ボリュームたっぷり

材料(2人分)

木綿豆腐 ── 1丁(300g)
牛赤身切り落とし肉 ── 100g
長ねぎ ── 1/2本(50g)
サラダ油 ── 小さじ1

A ┃ だし汁 ── 3/4カップ
　┃ 酒、しょうゆ ── 各大さじ1
　┃ 砂糖 ── 小さじ2

作り方

1 豆腐は6等分に、牛肉は食べやすい大きさに切り、長ねぎは青い部分も含めて斜め切りにする。

2 鍋にサラダ油を熱し、1のねぎ、牛肉を順に加えて炒め、Aを入れて煮立てる。豆腐を加えてふたをし、沸騰したら弱火で7〜8分煮る。

Point

長ねぎの青い部分はビタミン類やカルシウムが豊富。
熱を加えることで甘みも増し、
色みにもなる。

たんぱく質 **19.6**g　塩分 **1.5**g　エネルギー **249**kcal

和風豆腐ラザニア

1食分の
たんぱく質
クリア

材料（2人分）

木綿豆腐 ── 1丁（300g）
A｜塩、こしょう ── 各少々
合いびき肉 ── 150g
にんにく ── 1/2かけ
長ねぎ ── 5cm（20g）
オリーブ油 ── 小さじ2
トマト缶（水煮・カット） ── 1/2缶（200g）
みそ ── 大さじ1
こしょう ── 少々
ピザ用チーズ ── 50g

たんぱく質 **30.4g** ｜ 塩分 **2.0g** ｜ エネルギー **437kcal**

作り方

1 にんにく、長ねぎはみじん切りにする。

2 フライパンにオリーブ油を熱してひき肉を炒め、1を加えてさらに炒める。トマト缶を入れて煮立て、みそを加え、弱火で7〜8分煮、こしょうを加える。

3 豆腐は半分に切り、さらに厚みを3等分にして、ペーパータオルの上に置いて水けをきり、Aの塩、こしょうをふる。

4 耐熱皿に2と3を最後が豆腐になるように重ねおき、チーズをかけて200度に予熱をしたオーブンで10分ほど焼く。

Point　みそを加えてコクと風味をプラスする。

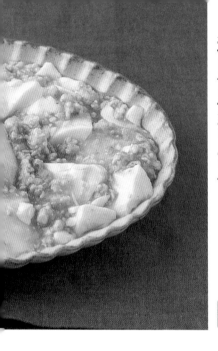

和風麻婆豆腐

鶏ひき肉と和風味にしてカロリーダウン

カロリー控えめ

材料（2人分）

絹ごし豆腐 — 1丁（300g）
鶏ひき肉 — 100g
長ねぎ — 1/3本（30g）
しょうが — 1かけ
にんにくの薄切り — 1枚
赤唐辛子 — 1/2本
サラダ油 — 小さじ2
A［だし汁 — 3/4カップ
　　酒 — 大さじ1
　　塩 — 小さじ1/3
ゆずこしょう — 小さじ1/3
B［片栗粉 — 大さじ1/2
　　水 — 大さじ1

| たんぱく質 **15.6**g | 塩分 **1.4**g | エネルギー **229**kcal |

作り方

1 豆腐は厚みを半分にし、さらに角切りにする。長ねぎ、しょうが、にんにくはみじん切り、赤唐辛子は半分に切る。

2 フライパンにサラダ油を熱してひき肉をよく炒め、**1**の豆腐以外の材料を加えてさらに炒め、Aを入れて煮立てる。豆腐を加えて再び煮立て、ゆずこしょうを加え、Bを混ぜた水溶き片栗粉でとろみをつけてひと煮立ちさせる。

Point 煮汁を加える前にひき肉と香味のものをよく炒め、香りを出す。

はりはり煮

簡単・手軽

材料（2人分）

水菜 ─ 3/4束（150g）

油揚げ ─ 1枚

A
┌ だし汁 ─ 1カップ
│ しょうゆ、みりん ─ 各小さじ1
└ 塩 ─ 小さじ1/5

作り方

1 水菜は4cm長さに切る。油揚げは熱湯をかけて油抜きをし、1cm幅に切る。

2 鍋にAを煮立て、1の油揚げを加えてさらに煮立てる。水菜を加えてさっと煮、汁とともに食す。

たんぱく質**4.2**g ｜ 塩分**0.8**g ｜ エネルギー**62**kcal

［はりはり煮］を
アレンジ

＼ 動物性たんぱく質のぶりにかえて ／
たんぱく質量大幅アップ

水菜とぶりのはりはり煮

油揚げのかわりにぶり1切れ（100g・刺身用を薄切りにして塩少々をふり、10分ほどおいて水けをふく）にする。ほかの材料と作り方は同じ。

たんぱく質**10.8**g
塩分**1.2**g ｜ エネルギー**133**kcal

たんぱく質 **13.9**g ｜ 塩分 **1.7**g ｜ エネルギー **198**kcal

材料（2人分）

もやし ── 1/2袋（100g）
油揚げ ── 1と1/2枚
卵 ── 3個
A ［ だし汁 ── 3/4カップ
　 しょうゆ ── 大さじ1
　 砂糖 ── 大さじ1/2
　 酒 ── 小さじ2

作り方

1 もやしは軽く洗って水けをきる。油揚げは1枚を半分に切り、それぞれ袋状に口を開いて熱湯に入れ、油抜きをしてザルにあげ、水けを軽くきる。もやしを等分に入れ、卵を割り入れ、楊枝で口を閉じる。同様に計3個作る。

2 小さめの鍋にAを煮立て、1を入れてふたをし、沸騰したら弱火で約10分煮る。

3 楊枝を抜き、半分に切って器に盛る。

もやしの袋煮

簡単節約料理！ 卵を包んでたんぱく質量アップ

玉ねぎと厚揚げの甘辛煮

だしの風味と玉ねぎの甘みがじんわり！

材料（2人分）

玉ねぎ ── 1個（200g）
厚揚げ ── 1枚（200g）

A
┌ だし汁 ── 1カップ
│ 酒、しょうゆ ── 各小さじ2
│ 砂糖 ── 小さじ1
└ 塩 ── 小さじ1/5

作り方

1 玉ねぎは4等分のくし形切りに、厚揚げは熱湯をかけて油抜きをし、やっこに切る。

2 鍋にAと①を入れ、ふたをして火にかけ、沸騰したら弱火にして約10分煮る。

簡単・手軽

たんぱく質 11.6g ／ 塩分 1.6g ／ エネルギー 194kcal

キャベツの煮びたし

白身魚が原料のさつま揚げは意外とヘルシー

簡単・手軽

材料（2人分）

キャベツ …… 3枚（180g）
さつま揚げ …… 1枚（50g）
A ┌ **だし汁** …… 1カップ
　├ **しょうゆ** …… 小さじ1と1/2
　└ **みりん** …… 小さじ1

作り方

1 キャベツはざく切りにする。さつま揚げは、熱湯をかけて油抜きをし、薄切りにする。

2 鍋にAを入れて火にかけ、沸騰したら1を入れてふたをし、再び沸騰したら弱火で7〜8分煮る。

たんぱく質 **4.4**g　塩分 **1.3**g　エネルギー **66**kcal

\ 厚揚げでたんぱく質も /
\ ボリュームもアップ /

キャベツと厚揚げの 煮びたし

さつま揚げのかわりに厚揚げ1/2
枚（100g・油抜きをし、薄切り）
にし、Aのしょうゆとみりんを各小
さじ2、塩少々にする。ほかの材
料と作り方は同じ。

たんぱく質 **6.6**g

塩分 **1.3**g　エネルギー **112**kcal

[キャベツの煮びたし] を
アレンジ

175

もやしのソース炒め

材料（2人分）

もやし ⋯⋯ 1袋（200g）
さつま揚げ ⋯⋯ 2枚（100g）
ウスターソース ⋯⋯ 大さじ1
サラダ油 ⋯⋯ 小さじ2
青のり ⋯⋯ 少々

作り方

1. もやしは軽く水洗いして水けをきる。さつま揚げは薄切りにする。

2. フライパンにサラダ油を熱し、1を入れて炒め、ウスターソースを2回に分けて加え、炒め合わせる。

3. 器に盛り、青のりをかける。

たんぱく質 **7.7**g　塩分 **1.7**g　エネルギー **131**kcal

［もやしのソース炒め］をアレンジ

\ 動物性たんぱく質の豚肉を /
プラスして和風味に

もやしと豚肉の
おかかしょうゆ炒め

さつま揚げのかわりに豚ロース薄切り肉100g（食べやすく切る）にし、ウスターソースの味つけを〔しょうゆ大さじ1、みりん大さじ1/2、削り節1/2袋〕にする。ほかの材料と作り方は同じ。

たんぱく質 **11.2**g

塩分 **1.4**g　エネルギー **198**kcal

ひじきとピーマン、ちくわのごまみそあえ

カロリー
控えめ

材料（2人分）

ひじき（乾燥） ── 大さじ1（5g）

ピーマン ── 1個（30g）

ちくわ ── 2本

A
| すりごま（白） ── 大さじ1
| みそ ── 小さじ2
| 砂糖 ── 小さじ1

作り方

1 ひじきは洗って水に20分くらい浸して戻し、水けをきる。ピーマンは縦半分に切り、種を除く。

2 鍋に湯を沸かし、1のピーマンをさっとゆで、次にひじきを入れてゆで、ザルにあげて冷まし、ピーマンは細切りにする。ちくわは斜め薄切りにする。

3 ボウルにAを混ぜ、2を加えてあえる。

たんぱく質 **4.3**g 　 塩分 **1.3**g 　 エネルギー **76**kcal

Point ピーマンをあえものに加える場合は
さっとゆで、歯ごたえを残し、
独特の臭みをとる。

材料（2人分）

高野豆腐 ── 2枚（32g）

A
┌ だし汁 ── 3/4カップ
│ 砂糖 ── 大さじ1
│ 酒 ── 小さじ2
└ 塩 ── 小さじ1/3

しょうゆ ── 小さじ1/2

作り方

1 高野豆腐は大きめのボウルに入れ、熱湯をたっぷりかけて戻し、流水で冷ましたら両手にはさんで押して水けをきり、1枚を4つに切る。

2 鍋にAを入れて煮立て、1を加え、ふたをして沸騰したら弱火にし、10分ほど煮、しょうゆを加えてさらに3～4分煮る。

たんぱく質 **8.2**g ｜ 塩分 **1.1**g ｜ エネルギー **99**kcal

［高野豆腐の煮もの］を
アレンジ

＼ 卵でとじてたんぱく質量アップ ／

高野豆腐の卵とじ煮

Aの塩を小さじ1/6にかえ、しょうゆ小
さじ1/2を小さじ2にしてAに加える。
鍋にAを煮立て、高野豆腐2枚（戻し
て水けをきり薄切りにする）、絹さや15
枚（30g・筋をとり、斜め切りにする）
を加えてさっと煮る。溶き卵2個分を
まわし入れ、ふたをして火を止め、好
みのかたさにとじる。

たんぱく質 **14.4**g

塩分 **1.8**g ｜ エネルギー **172**kcal

181

煮卵

作りおき OK

材料（作りやすい分量）

卵 ⋯⋯ 4個

A ┃ だし汁 ⋯⋯ 1/2カップ
　┃ しょうゆ、みりん ⋯⋯ 各大さじ1と1/2

作り方

1 卵は室温に戻し、鍋に湯を沸かしてそっと入れ、5分ゆで、水に取り出して冷ます。冷めたら殻をむく。

2 Aを鍋に入れてひと煮立ちさせ、粗熱をとり、ポリ袋に**1**とともに入れ、空気を抜くように閉じて冷蔵庫で一晩おく。

その他のおかず　卵

1個

たんぱく質 **5.9**g　塩分 **0.7**g　エネルギー **83**kcal

【煮卵】をアレンジ

＼ 豚肉を巻いてたんぱく質量アップ ／
メインおかずにもお弁当にも

肉巻き天ぷら（2人分）

汁けをきった煮卵2個（作り方右記）を、豚もも薄切り肉4枚でそれぞれ巻き包み、〔小麦粉、水各大さじ2〕を溶いた衣をからめ、170度に熱した油で揚げる。

たんぱく質 **17.4**g

塩分 **0.8**g　1個分エネルギ **344**kcal

たんぱく質 **19.3**g 塩分 **1.2**g エネルギー **317**kcal

材料（2人分）

卵 ── 2個
豚ロース薄切り肉 ── 150g
塩、こしょう ── 各少々
小麦粉 ── 少々
長ねぎ ── 1本（100g）
サラダ油 ── 小さじ2
中濃ソース ── 大さじ1

作り方

1 卵は割りほぐしておく。豚肉は半分に切り、塩、こしょうをふって小麦粉をまぶす。長ねぎは小口切りにする。

2 フライパンを熱してサラダ油をひき、1の豚肉を広げ入れて焼く。長ねぎを全体に散らして卵を流し入れ、ひっくり返して裏側も焼く。半分に折って器に盛り、ソースをかける。

長ねぎたっぷりで栄養バランスも◎

とん平焼き

ボリュームたっぷり

しいたけのみそチーズ焼き

チーズがとろり！乳製品もお手軽栄養食品

材料（2人分）

しいたけ …… 6枚（120g）

A ┌ みそ …… 小さじ2
　└ みりん …… 小さじ1/2

ピザ用チーズ …… 50g

作り方

1 しいたけは軸をとり、かさの裏側に、Aを混ぜ合わせたものを6等分にして塗る。

2 オーブントースターの天板に、座りをよくするため、シワを寄せたアルミ箔を敷いて**1**を並べ、チーズをかけて10分ほど焼く。

簡単・手軽

たんぱく質8.5g　塩分1.3g　エネルギー119kcal

191

岩﨑啓子 (いわさきけいこ)

料理研究家・管理栄養士。書籍や雑誌、メニュー開発など多方面で活躍。著書に『夫婦ふたりにぴったりの60歳からのたんぱく質しっかりごはん』(宝島社)、『つくりおきできるお助けスープ』(家の光協会)、『糖質オフの電気圧力鍋レシピ』(ナツメ社)他多数。

医学監修 (p10-15) 大和田 潔 (おおわだきよし)

医学博士、総合内科専門医、東京医科歯科大学臨床教授。医療法人社団碧桜あきはばら駅クリニック院長。日本臨床栄養協会理事。

STAFF	撮影	田辺エリ
	スタイリング	伊藤みき(tricko)
	イラスト	アライヨウコ
	本文デザイン	釜内由紀江、清水桂(GRiD)
	校正	西進社
	取材・文	富田純子
	構成・編集	木戸紀子(シーオーツー)

※本書は弊社発行「365日 和のおかず」を再編集し、改題したものです。

毎日おいしい! たんぱく質おかず

2023年1月10日　第1刷発行
2024年5月10日　第3刷発行

著 者	岩﨑啓子
発行者	永岡純一
発行所	株式会社永岡書店
	〒176-8518
	東京都練馬区豊玉上1-7-14
	Tel.03-3992-5155(代表)
	Tel.03-3992-7191(編集部)
DTP	編集室クルー
印刷・製本	クループリンティング

ISBN978-4-522-44047-6　C2077